AF576499

Fier alle Keann,
desse schbien kenn.
On sicher sai
on geliebd werrn.
On se easse huh,
on die Noachd ihr Ruh.
Kenn Dorschd, käi Ängsd
on Schul schu längsd.
Gesondhääd, Fraihääd on Nadur,
Bosse on Schbass oo enner Dur!
Joa, è schie Läwe
seann se huh!
Doas winsch ech merr!
On edds kimmsd du!

Für alle Kinder,
auf dass sie spielen können
und sicher sind
und geliebt werden.
Und zu essen haben
und nachts ihre Ruhe.
Keinen Durst, keine Ängst'
und Schule schon längst.
Gesundheit, Freiheit und Natur,
Streiche und Spaß an einer Tour!
Ja, ein schönes Leben
sollen sie haben.
Das wünsch ich mir!
Und jetzt kommst du.

Du on ech

Ein oberhessisches Buch
für Kinder der 60er und 70er
und Kinder von heute und morgen

Monika Felsing (Hg.)

Bibliografische Information der Deutschen Nationalbibliothek
Die Deutsche Nationalbibliothek verzeichnet diese Publikation in der Deutschen Nationalbibliografie; detaillierte bibliografische Daten sind im Internet über www.dnb.de abrufbar.

 Der Erlös dieses Buches (Autorenmarge) geht an den Lastoria e.V., Bremen.

Gestaltung: Wolfgang Rulfs
www.wolfgang-rulfs.de

Herstellung und Verlag: BoD –Books on Demand, Norderstedt

ISBN 9783755726074

Inhalt

Wie mir kläi woarn,

als wir klein waren, gingen die Uhren genauso wie heute. Die Zeiger liefen auf dem Ziffernblatt rechts herum, der Tag hatte zwei Dutzend Stunden, die Stunde fünf Dutzend Minuten und die Woche sieben Tage, von denen der Sonntag eindeutig der längste war. Aber sonst war vieles anders, bevor das Digitalzeitalter begann.

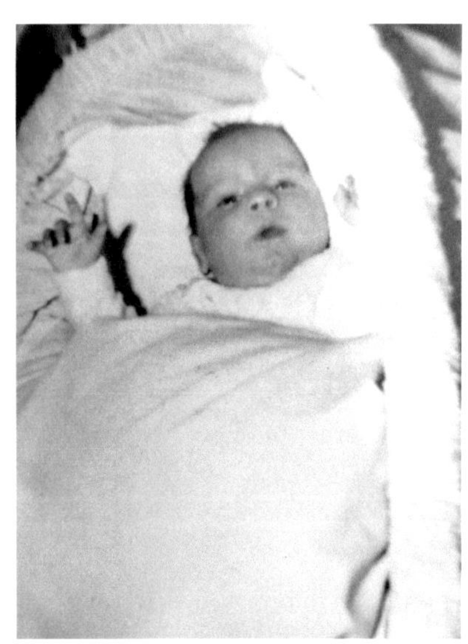

Längst nicht jede Familie in Oberhessen hatte ein Telefon, ein Auto oder einen Fernseher. In unserem Dorf gab es zwar seit 1908 fließendes Wasser, seit vierzig Jahren Strom, aber weder Duschen noch Straßenlaternen. Der Fortschritt hatte schon mehrfach angeklopft, und kaum jemand hatte es gewagt, „herein" zu sagen, denn der Fortschritt kostete Geld und veränderte erst Gewohnheiten und dann Gewissheiten. Es sollen unsere Mütter gewesen sein, die ihm die Tür aufgemacht haben. Weil sie es leid waren, unsere Baumwollwindeln in Töpfen auszukochen, sorgten sie dafür, dass erst einmal eine Waschmaschine ins Haus kam. Und irgendwann ein Trockner. Und ein Telefon. Ein Fernseher. Eine Dusche. Ein Herd mit Ceranfeld. Ein Stabmixer. Ein Eierkocher. Ein Turbostaubsauger. Eine Bügel-, eine Küchen-, eine Eis- und eine Espressomaschine. Heute ist so manches Haus schlauer als seine Bewohner. Auch auf dem Land.

Vielleicht bist Du, *liewe* Leserin, *liewer* Leser, auch in den Sechzigern geboren und weißt, wovon wir reden. Wenn Du deutlich jünger bist, dann nenn uns nicht *Buumer.* Wir haben Namen. Und der Babyboom war nun wirklich nicht unsere Erfindung. Kein Mensch kann selbst entscheiden, ob, wo und wann er zur Welt kommt, und schon gar nicht, mit wem zur gleichen Zeit. Wir können nur versuchen, das Beste daraus zu machen. Und uns gegenseitig unsere Geschichten erzählen, um zu verstehen, was war und was ist. Und wie es weitergehen könnte.

Als wir klein waren, hatten Erwachsene keine Zeit, um den lieben, langen Tag auf uns aufzupassen. Manche meinen, es war ein bisschen wie bei Astrid Lindgrens „Kinder von Bullerbü", und da ist was dran. In Oberhessen haben wir Kinder fast nur draußen gespielt. Wir wa-

ren unter uns, und wir waren frei. Nur in den *Waald* durften wir nicht allein. Der Wald war für die Sonntage reserviert. Nach dem Mittagessen, an der Hand von Papa oder Mama, gingen wir die Buchen besuchen, den Eichen ausweichen. Und die Fichten bedichten.

Noch gab es in Hessen keine Umweltbildungszentren, in denen Kinder etwas über die Natur, über Artenvielfalt, Klimawandel, nachhaltige Kleidung und gesunde Ernährung lernen können. Gesund war Rahmspinat. Nachhaltig, alles aufzuheben. Unsere Großeltern warfen grundsätzlich nichts weg, wofür spätere Generationen vielleicht noch einmal dankbar wären, ganz gleich, ob es ein Männernachthemd war, eine Schraube oder ein Teppichklopfer. Wir kannten die Namen zahlreicher Tiere, aber niemand hat sich die Mühe gemacht, uns die heimischen Bäume, Hecken, Blumen, Kräuter oder Insekten näher zu erklären. Anders als viele Stadtkinder wussten wir Landkinder immerhin, woher die Kartoffeln, die Eier und die Milch kommen und dass Knallerbsen nicht essbar sind. Es sei denn, du bist ein Vogel.

In der zweiten Hälfte des ersten Schuljahres haben wir mit der Fibel, „Ich und Du – Du und ich“ Lesen gelernt. Von ihr und Uli, dem Fehlerteufel, haben wir uns dazu anregen lassen, *„Du on ech“* zu schreiben, ein oberhessisches Buch mit wahren und erfundenen Geschichten, Liedern und Gedichten, Rezepten und Bastelanleitungen. Wir laden die Kinder aller Generationen dazu ein, gemeinsam mit uns zurückzuschauen, über Ernstes, Schönes und Trauriges nachzudenken, sich zu amüsieren, zu träumen und nebenbei so manches über Oberhessen zu erfahren, das nicht alle wissen. Sprecht miteinander über Kindheit, über Heimat, ganz gleich, ob in oberhessischer, Thüringer oder Pfälzer Mundart, Hoch- oder Niederdeutsch! Und hört einander zu: *Wie eas doas, kläi sè sai?* Wie ist es, klein zu sein?

Als Kinder durften wir in der Schule keinen Dialekt sprechen und haben es zu Hause kaum noch gelernt. Schon bald werden nur noch wenige Menschen wissen, wie das geht und wen sie fragen können. Das wäre vielleicht nicht weiter tragisch. Menschen können auch ohne Mundart leben, und wir vermissen nur das, was wir gekannt haben. Aber traurig wäre es schon, *forchboar draurich sègoar*, denn Mundart macht die Welt bunter. Unser

Kindheitsbuch ist deshalb auch eine Mundartfibel für Anfänger und Fortgeschrittene. In unseren Zeitzeugenerinnerungen, Liedern und Gedichten findest Du oberhessische Worte und darunter ein bisschen Grammatik. Es ist Ober-Gleener Dialekt, *Owengliejer Pladd* zum Lautlesen. Ein *Owengliejer* Abc stellen wir ans Ende, um Dir zu zeigen, wie wir nach Gehör schreiben. Du willst wissen, wie das klingt? Dann schnapp Dir ein Handy, um die QR-Codes einzuscannen. Wenn in diesem Buch Dialekt zu lesen ist, kannst Du auch das Wort oder den Satz in Deinem eigenen Dialekt oder in einer anderen Sprache *dennewe* schreiben. Oder *drunner*. Oder *drewwer*. Du kannst Randnotizen machen, Bilder malen, Fotos einkleben. Lass dieses Buch Dein Buch werden. Mit Deiner eigenen Geschichte.

Solltest Du Fehler finden: Das waren nicht wir. Das war Uli, *dè Fehlerdoiwel*.

Keandhääd

(Auszug, Melodie: „Gethsemane“, Andrew Lloyd Webber, die Originalfassung des Textes steht im *„Owenglieјer Lirrerbichelche“*, die hochdeutsche Übersetzung im Liederband „Naue Lirrer“)

Keann
inner
sech,
mo baim Schdallhoas,
mo baim Gloggebonn,
mo off dè Gass.
Hausdiern schdanne all off,
haddsde Hungger,
kreegsde woas!
Aale Loid
huh sech gefroid,
koome mir ims Egg,
Biehuinkbruud
gobb's allemo,
Äbbelsaft
on Wegg!

Nit alles, ech gebb zu, woar gudd,
denn wer wolld schuh
Läwwerwoschd offs Bruud,
moo iehrlech?
Ainiches woar ech entbehrlich,
on manch Keand
kreeg nit nor geschembd,
sonnern aanoch l libb dèzu.

Doch woarn merr inner ins,
Fandasie, Herrngeschbennsd,
huh merr gedoh,
woas merr wollde,
worrn merr Elfe on Kobolde,
Roiwer, Rombelschdelz,
on dreemde voo emm Laand
henner dè Belz!

Saa mo

Sag mal: Hast Du verstanden, worum es in dem Lied geht? Lies es Dir einmal laut vor. Kommt Dir das ein bisschen komisch vor? Das macht nichts. Das Gute am Dialektschreiben: Es werden keine Noten verteilt. Man kann eigentlich nichts falsch machen. *Merr kann naut falsch (gè)mache*. Der Dialekt ist nicht einheitlich. In jedem Dorf in Oberhessen wird ein bisschen anders gesprochen, und auch innerhalb eines Dorfes sind sich längst nicht alle einig darüber, wie es richtig geht. Von Generation zu Generation verändert sich die Mundart ein bisschen. Und auch von Familie zu Familie kann es sich unterschiedlich anhören. Die einen sagen: *Doa kammerr naut gèmache*. Die anderen: *Doa kann merr naut mache*. Das ist verwirrend? Da kann man nichts machen. *Schwadds äifach, wie derr dè Schnowwel gewoasse eas*! Sprich einfach, wie Dir der Schnabel gewachsen ist!

Off Owwerhessisch

Die *Belz* ist ein Flurname. Hinter der *Belz* verläuft in Ober-Gleen der Horizont. Und nicht verwechseln: *Egg* ist die Ecke, aber auch die Egge, ein landwirtschaftliches Gerät, *è Ääg* ist ein Ei. In der Mehrzahl sind die beiden Worte leichter zu unterscheiden. Mehrere Eier sind *Aijer*. Mehrere Ecken oder Eggen sind *Egge*.

Rore mo

Im Lied heißt es an einer Stelle: „*Hausdiern schdanne all off.*" Die Haustüren standen alle auf. Es war auf dem Land tagsüber nicht üblich, abzuschließen, man kam fast überall rein. Rate mal: Was sagte man, wenn jemand ein Zimmer betrat und die Tür offen ließ? *A. Ihr hodd wohl deheem Sägg vier dè Diern? B. Eas denn Voadder Gloaser? C. Du fällsd medde Dier eans Haus.* Richtig. Wenn jemand anderen die Sicht nimmt, fragt man, ob der Vater Glaser ist. Mit der Tür ins Haus zu fallen, bedeutet, etwas zur Sprache zu bringen, ohne groß drumherum zu reden. Wer die Tür offen lässt, wird gefragt, ob seine Familie in ihrem Haus Säcke vor den Türen hat, anstelle von Holztüren.

Erste Klasse

Bei unserer Einschulung waren weder unsere Großeltern noch irgendwelche anderen Verwandten dabei. Und es gab auch kein großes Fest. Aber es war trotzdem ein besonderer Tag und die Schultüte randvoll mit Radiergummis, Flummis, Spitzern, Plastikspielzeug und Süßigkeiten. Vor fünfzig Jahren, im Sommer 1971.

Alles war neu, fast so neu wie der Anbau der Schule. Das Neueste weit und breit aber waren wir selbst, die Erstklässlerinnen und Erstklässler. Wir lernten, uns nach dem Wecker und dem Schulgong zu richten, an der Haltestelle Schlange zu stehen, Bus zu fahren, ohne in der Bustür eingeklemmt zu werden, uns im Unterricht zu melden, wenn wir etwas sagen wollten, und erst dann zu reden, wenn wir dran waren. Nicht einfach aufs Klo zu gehen, wenn wir mussten, sondern den Zeigefinger zu heben und auf Erlaubnis zu warten, auch wenn wir uns schon fast in die Hose machten. Manche Kinder saßen irgendwann nicht mehr in unserer Klasse, sie waren weg, und wir sahen sie nie wieder. Wir hatten keine Ahnung, was eine Sonderschule ist und warum sie Kinder dorthin schickten. Die Erwachsenen erklärten uns nur, was sie uns erklären wollten.

Gleich zu Anfang unserer Schulzeit lernten wir, dass es nicht nur Butterbrot, Bienenhonigbrot, Geleebrot und *Woschdebruud* gab, sondern auch Pausenbrot. Pausen überhaupt. Ein Gong ertönte, und die Schulstunde, die Dreiviertelstunde, war um. Wir durften kurz aufstehen und in der großen Pause auf den Hof hinaus, der so kahl und trostlos war wie ein Supermarktparkplatz, nur ohne Autos und ohne Supermarkt. Lehrer führten Aufsicht. Wer wie ein wilder Stier über den Schulhof rannte und ein bisschen herumschrie oder sich nur so zu Spaß mit anderen Kindern balgte, riskierte Ärger. Großen Ärger. Manche Grundschullehrer gaben Kindern Ohrfeigen, dass der Kopf zur Seite flog, den Jungen vor allem, sie schlugen ihnen mit der Faust auf den Kopf, schubsten sie gegen Wände oder Schränke oder packten sie grob in der Wange, um ihnen dann noch eine zu langen.

Unsere älteren Geschwister waren noch im eigenen Dorf unterrichtet worden, zusammen mit anderen Jahrgängen. Nun fuhren wir Erstklässlerinnen und Erstklässler aus mehreren Dörfern jeden Tag mit dem Bus zur Grundschule. Das war schon aufregend genug. Aber auch an die vielen fremden Kinder mussten wir uns erst einmal gewöhnen. Wir waren 42 Kinder in der ersten Klasse, so viele, dass der Fotograf uns für das Gruppenbild übereinander gestapelt hat. Natürlich ordentlich, denn „Ordnung ist das halbe Leben". Auch das hatten wir gelernt. Wir hatten ordentlich gekämmt zu sein, ordentlich angezogen, aber vor allem sollten wir uns ordentlich benehmen. Und so sitzen und stehen wir mit unseren Schultüten und Lederranzen auf einer Tribüne und halten die Luft an. Unsere Lehrerin aus uraltem hessischem Adel wirkt wie eine Politikerin beim Staatsbesuch, und ein paar von uns gucken aus der frisch gebügelten Wäsche, als hätte der Fotograf uns zugeraunt: „*Haut fängd dè Eansd des Läwens oo.*" Heute beginnt der Ernst des Lebens. Und wir mitten drin.

Off Owwerhessisch

Verstehst Du den Witz? *Es Keand kimmd om easchde Schulldoag heem, on die Moadder freechd: „Noa, wie woarsch dann?" „Pff! Easchde Klasse hääsd merr doas! Awwer mir sedse off Holzschdiehl!"* In der Bahn war die Holzklasse zur Zeit unserer Großeltern die billigste Klasse. Und die Abteile der ersten Klassen hatten Polster. Ein paar oberhessische Begriffe: *Schull* (Schule). *Schullliehrer* (Schullehrer). *Schieler* (Schüler). *Klass* (Klasse). *Schdiehl* (Stühle, Einzahl: *Schduhl*), *Holz* (Holz), *Helser* (Hölzer), *helserne* (hölzerne). *Drai Helser* (Drei Hölzer – ein Kinderspiel, siehe Kapitel „Spiel ohne Zeug").

Rore mo

Rate mal: Was gehört nicht in einen Schulranzen? *Schbeddser. Filler. Padrone. Mäppche. Hefde. Bicher. Blaischdefd. Bondschdefde. Bensel. Leschbabaijer. Lennjal. Klobabaijer. Bruudbiggs. Raddsefummel.* Richtig: Spitzer, Füller, Patronen, das Mäppchen, Hefte, Bücher, ein Bleistift, Buntstifte, Pinsel, Löschpapier, das Lineal, die Brotbüchse und der Ratzefummel, der Radiergummi, gehören in den Schulranzen. Und Klopapier auf den *Abee*, die Toilette. Auf einigen Höfen gab es in den Sechzigern und Siebzigern noch Plumpsklos in der Nähe des Stalls. Und das Papier war nicht weich und zum Abrollen, sondern in handliche Stücke geschnittene, alte *Zairing*: Zeitung. Die mussten wir auch erst lesen lernen.

Saa mo

Sag mal: Erinnerst Du Dich noch an Deinen ersten Schultag? Weißt Du noch, wie Deine Lehrerin oder Dein Lehrer in der ersten Klasse hieß? Und wer saß neben Dir in der Klasse? Was war Dein Lieblingsfach?

Uli, unser Fehlerteufel

Die kleine Fibel „Ich und Du – Du und ich. Lesen mit Uli“ aus dem Paul List Verlag ist quadratisch, praktisch und so bunt wie ein Bilderbuch. Die Lehrerin Ilse Herrndobler und ihr Co-Autor, der Lehrer Georg Gick, haben erst einmal mit illustrierten Geschichten angefangen, denn: „Alle können Bilder lesen.“ Das Titelbild verrät uns, wie ein Fehlerteufel aussieht. Uli ist pummelig wie Pumuckl, hat aber blauschwarze Locken, winzige Öhrchen, zwei Hörner, acht Finger und acht Zehen, ein breites Grinsen und einen grünen Ranzen. Sein Schwanz endet in einer Quaste wie der einer Kuh. Und er hat Fell am Hintern wie ein Hund. Franz Josef Ott, ein Grafiker aus München, hat ihn gezeichnet. Und Kinder aus mehr als 50 Ländern dieser Welt sollen im Deutschunterricht Bekanntschaft mit Uli gemacht haben. Der Ravensburger Verlag brachte mehrere Leselernkartenpiele für Sechs- bis Achtjährige heraus. In den Achtzigern kamen Plüschfiguren auf den Markt. Und auch Ellis Kaut, die Schöpferin von Pumuckl, hat Fehlerteufelgeschichten geschrieben.

„Wir lesen im Gesicht eines anderen, wir verstehen Gesten“, so beginnt das Kapitel über die Körpersprache von Menschen und Tieren. Es folgen „Zeichen, die informieren“ (Stoppschilder, Ampeln oder Bahnschranken), und Buchstaben, die Auskunft geben (H für Haltestelle, HH auf dem Nummernschild für Hamburg). Spielerisch haben wir gelernt, Wörter mit drei, vier oder fünf Buchstaben zu bilden, das Buch hat uns mit Reimen, Märchen, Liedern, Tänzen und Rätseln bei Laune gehalten. Noch hatten wir keine Biologiestunden, aber wir haben trotzdem schon Experimente gemacht mit Samen, Erde und Wasser: „Die Wiese im Teller“ hieß eines. Und ein anderes: „Erst Bohne – dann Pflanze.“ In alten Weckgläsern sind auf feuchter Watte so manche Sprossen gesprossen. Oder vergammelt.

„Denke über das Gelesene nach“, forderte uns die Fibel auf. „Erzähle! Lest mit verteilten Rollen! Spielt die Geschichte! Reime weiter! Erzähle weiter!“ Wir sollten Partner- oder Gruppenarbeit machen, in der Klasse über das sprechen, was wir gelesen hatten. Und über das, was wir kannten oder was wir vorhatten. „Weißt du, wie die Äpfel wachsen?“ Oder: „Was willst du einmal werden?“ Uli ließ sich oft blicken, mischte sich aber selten ein. Im Kinderkochkurs versuchte er allerdings, uns Zwiebeln unterzujubeln. „Die sind am besten im Obstsalat“, behauptete er, aber da wussten wir schon, was ein Fehlerteufel ist. Dass es auch Karius und Baktus gibt, erfuhren wir erst, als in der Schule Filme gezeigt wurden. Schlecht für unsere Zähne. Wir hatten den gezuckerten Obstsalat schon gegessen. Und die Süßigkeiten aus der Schultüte verschlungen. Und die Kinderzahnpasta von der Zahnbürste geleckt.

In der Fibel stehen Geschichten, die lustig sein sollten, aber „Lotta muß zum Zahnarzt“ hießen. Die Rechtschreibreform kam viel später, das Ess-Zett hieß damals noch Buckel-S, und wir mussten statt muss noch muß schreiben, sonst hätte unsere Klassenlehrerin den Rotstift gezückt und uns einen Fehler im Diktat angestrichen. Noch einen. Und noch einen. Nach manchen Diktaten hagelte es Vieren, Fünfen und Sechsen. Als das Ende des ersten Schuljahres nahte, ging es dann sogar in der Fibel um Noten, und auf der letzten Seite sollten wir beten lernen („Ich rede mit Gott. Vom Aufwachen bis zum Schlafen“). Was mit den Noten hoffentlich nichts zu tun hatte.

Das könnt ihr im ersten Schuljahr nicht verstanden haben“, sagt meine Mutter ein halbes Jahrhundert später, als sie die Fibel aufschlägt. „Wir müssen Genies gewesen sein“, sagt Sabine. Ganz bestimmt. Und wir hatten Uli, den Fehlerteufel, immer an unserer Seite. Was wir nicht durften, durfte er schon lange. Er war faul, er war frech, aufsässig und ungekämmt. Fehler zu machen und zu schlafen, waren seine Lieblingsbeschäftigungen. Und niemand schimpfte mit ihm. Es war ja nicht seine Schuld, dass er keine Ahnung davon hatte, was in einen Obstsalat gehört. In Teufels Küche findest du keine Vitamine. In den Übungsbüchern aber hat Uli jede Menge Buchstabensalat angerichtet. Es machte ihm Spaß, Buchstaben zu verdrehen oder zu mopsen, und er ließ Satzzeichen oder sogar ganze Wörter verschwinden, wenn wir nicht höllisch aufpassten. Auch in diesem Text hat er sein Unwesen getr

Rore mo on horchemo

Rate mal: Welche fünf Buchstaben fehlen – zusammen mit dem Punkt – am Ende des Satzes? Hör mal: Wer ieben sagt und üben meint, spricht kein Oberhessisch. Iewe heißt es bei uns. Das ist ein Unterschied? Ewe. Eben. Treiben wäre draiwe (getrieben – gedrewwe). Bleiben wäre plaiwe. Scheiben sind Schaiwe. Eine Scheibe ist eine Schäib (oder auch Schaib). Was schief ist, ist schebb. Schreiben wäre schräiwe (manche sagen auch schraiwe). Und Reiben sind Raiwe. Reifen aber sind Räfe. Und Streifen Schdräfe. Wenn du etwas brauchst, dann kannst du zum Laden (Loare) laufen (laafe) und es dir kaufen (käfe). Oder du kannst es bleiben lassen. Plaiwe leasse.

Off Owwerhessisch

Das Verb „lernen": leann. Ech leann, du leannsd, heh/sie/es leannd, mir leann, ihr leannd, die leann. Will man betonen, dass man etwas lernt, kann man auch sagen: Ech duh leann (wörtlich: ich tue lernen). Das Verb „lehren" heißt ebenfalls: leann. Ech duh dech woas leann. Ich lehre dich etwas. Werre woas geleannd. Wieder was gelernt.

Alle Jubeljahre

Mit sechs wussten wir wenig über Zahlen. Das lag nicht an uns. Wir waren nicht im Kindergarten gewesen und hatten noch nicht die Bekanntschaft mit Graf Zahl gemacht. Pippi Langstrumpf hatte es nicht so mit Mathe, und bei „Eins, zwei, drei, vier, Eckstein, alles will versteckt sein" hielten wir uns auch nicht lange mit Zählen auf. „Vor mir, hinter mir gildet's nicht!", schrie ein Kind. „Eins, zwei, drei, ich komme!" *On dann säisde luusgeweddsd, als wier dè welle Wadds henner derr her.* Und dann bist du losgerannt, als ob ein Keiler hinter dir her wäre. Einer wie der auf der Hülle unserer Märchenplatte.

Dass runde Zahlen ein Jubiläum sein können, eckige aber auch, haben wir im Laufe unseres Lebens verstanden. Aber wir wussten schon als Kinder: Wenn etwas nur alle Jubeljahre passiert, dann ist es ein Ereignis. „Da muss man dabei gewesen waren!" steht heute auf T-Shirts angehender Deutschlehrerinnen. Und darunter: „Rettet das Plusquamperfekt!". Die Vorvergangenheit, das sind für die Kinder von heute die Sechziger, Siebziger, Achtziger, Neunziger. Und wir sind Jubilarinnen und Jubilare. Dinosaurier. Sogar noch etwas älter als Urmel aus dem Eis von der Augsburger Puppenkiste. Deren Stücke liefen schon in den frühen Fünfzigern im Hessischen Rundfunk (HR). 1969 schlüpfte Urmeli auf der Südseeinsel Titiwu aus seinem prähistorischen Ei. Vor laufender Kamera. Eine Weltsensation!

Das Jahr 1971, unser erstes Schuljahr, muss in der Bundesrepublik so etwas wie das Erdmittelalter des Kinderfernsehens gewesen sein. Am Morgen des 7. März, an einem Sonntag, lief die erste „Sendung mit der Maus", eine Produktion des Westdeutschen Rundfunks (WDR) nur für uns Kinder. Anfangs hieß sie noch „Lach- und Sachgeschichten". Wir als Zielgruppe aber liebten die orangefarbene Maus mit den klappernden Augendeckeln so sehr, dass der Produzent Armin Maiwald den Titel ganz schnell geändert hat. Am 50. Geburtstag der Sendung ist er geehrt worden. Aber auch Isolde Schmitt-Menzel, die Grafikerin, die 1969 in Bad Homburg das Kinderbuch „Die Maus im Laden" gezeichnet hat und danach Maus-Clips für die Sendung. In Bad

Homburg hat man ihrer Maus ein Denkmal aus Bronze gesetzt. Der Journalist Gert Kaspar Müntefering hatte die Idee zur „Sendung mit der Maus", als er dabei war, das Kinderprogramm im Westdeutschen Rundfunk aufzubauen. Und das war nicht so leicht, wie es klingt. „Kinder", hat der Regisseur und Autor Armin Maiwald einmal gesagt, „sind als Publikum relativ gnadenlos. Sie merken sehr schnell, wenn sie, auf gut Deutsch, verarscht werden. Und weil das so ist, muss man sehr genau arbeiten."

Mit einer guten Sendung pro Woche war es natürlich nicht getan. Noch im selben Jahr kam die „Sesame Street" aus den USA dazu. Radio Bremen und der NDR, der WDR und der Sender Freies Berlin strahlten sie im Original aus. 1973 lief dann die erste synchronisierte Ausgabe in Deutschland, trotz der Proteste aus Bayern: Eine Vorschulsendung, die in den Hinterhöfen amerikanischer Großstädte spielte, mit zwielichtigen Gestalten zwischen Mülleimern?! Unmöglich! Der HR aber brachte uns Bob, Gordon, Susan und Bibo, Ernie und Bert, Sherlock Humbug, Schlemihl, Grobi („jetzt bin ich nah, jetzt bin ich fern"), Kermit den Frosch und Oscar in seiner Mülltonne montags bis donnerstags ins Wohnzimmer. Sogar zweimal am Tag, morgens um halb zehn, wenn wir in der Schule waren, und als Wiederholung abends um sechs oder halb sieben. Und schon bald sangen wir: „Wer, wie was, der, die, das, wieso, weshalb, warum, wer nicht fragt, bleibt dumm!" Kauften Buchstaben von Schlemihl (ostjüdisch für Pechvogel oder Narr) und zählten mit Graf Zahl.

Dieser Vampir hatte nicht nur zwei, sondern drei Arme, mit Menschenblut in ihren Adern. Anders kam er nicht aus dem Sarg. Ein Puppenspieler führte mit einem Arm den Kopf und hatte den zweiten im linken Ärmel, während sein Kollege mit einem Arm den rechten Ärmel ausfüllte. Und schon stand er von den Untoten auf. Graf Zahl zählte uns alles vor, was ihm vor die Nase kam. Die Spinnen an der Wand. Die Kekse, bis Krümelmonster sie fand. Die Kerzen, bis sie ausgehen. Leute, wie sie auch aussehen. Fledermäuse und Kerngehäuse (oberhessisch: *Kroddse*). Das Klingeln vom Telefon. Die Schreie vom kleinen Sohn. Er zählte, und zählte und zählte, bis es für uns Kinder Zeit zum Schlafengehen war. Oberhessische Eltern hätten an dieser

Stelle sagen können: *„Kääf derr è S, è C, è H, è L, zwä O, è F on è E.“ On gieh schloofe.*

Hosde doas gewossd?

Auch Städte und Dörfer haben Geburtstage, selbst wenn kein Mensch weiß, wann oder von wem sie gegründet worden sind. Meist zählt die älteste bekannte Urkunde oder ein anderer, überzeugender Anhaltspunkt. Kirtorf hat 2018 gefeiert, dass ein Ort namens „Glene“ ungefähr 1100 Jahre alt ist und wäre also eine der ältesten Kommunen der Region. In einem undatierten Schriftstück wird Glene der Zeit des ostfränkischen Königs Konrad zugeordnet, der als erster deutscher König in die Geschichte eingegangen und 918 in Weilburg gestorben ist. Wegen der hessischen Gebietsreform werden die Stadt Kirtorf, Echzell, Mücke, Feldatal, Schwalmtal, Grebenhain und andere aus mehreren Ortschaften zusammengewürfelte Kommunen an Silvester 2021 gleichzeitig 50 Jahre alt. Noch mehr Jubeljahre: Alsfeld ist 2022 offiziell 800 Jahre alt, Marburg seit 800 Jahren Stadt, Neustadt wird 750 und der Vogelsbergkreis 50 Jahre. Die ersten Siedlungen in Mitteleuropa aber sollen vor etwa 7000 Jahren gegründet worden sein. In den Wäldern im Gebiet der Stadt Kirtorf zeugen Hügelgräber davon, dass vor über 3000 Jahren Menschen in der Region sesshaft waren.

Rore mo

Kennst Du Dich mit heutigen Kinderfilmen aus? Dann weißt Du vielleicht, was Alsfeld, Büdingen, Marburg und das Schloss Braunfels gemeinsam haben. A. An diesen Orten ist „Rotkäppchen“ neu verfilmt worden, mit einer Schwälmerin in der Hauptrolle. B. 2018 waren sie Drehorte der „Wolf-Gäng“. C. Starreporter Kermit aus der Sesamstraße hat eine Live-Sendung in allen vier Städten moderiert. D. Der Kinderkanal hat dort ein Studio. Tatsächlich ist Wolfgang Hohlbeins Jugendbuchreihe über einen Vampir, eine Fee und einen Werwolf an diesen Drehorten verfilmt worden, mit drei Hauptpersonen und rund 2000 Komparsen. Der mit fast einer Million Euro von der Filmförderung unterstützte Kinderfilm ist made in Hessen – was die Tourismusförderung besonders gefreut hat. Auch in Alsfeld alias Craisfelden.

Schon fast erwachsen

Als Erstklässler waren wir schon fast erwachsen. Das war ein eigenartiges, zwiespältiges Gefühl. Zum einen waren wir so stolz darauf, nicht mehr zu den ganz Kleinen zu zählen, keine Babys mehr zu sein, aber irgendwas war da am Kleinsein, etwas Weiches, Kuscheliges, Warmes, ein Gefühl von Sicherheit und Geborgenheit, von Verträumtsein und Freiheit, von dem wir uns nicht ganz verabschieden wollten.

In unserer Lesefibel stand, dass einzelne Buchstaben ganze Geschichten erzählen können, wenn man sie besonders betont: „Ii", ist das eklig. „Aa", ist das schön. „Oo", das hätte ich nicht erwartet. „Mm", das schmeckt gut. Das wussten wir natürlich längst. Jeder von uns hatte schon mal ein „Aua" gehabt. Nicht nur in Oberhessen spricht man so mit ganz kleinen Kindern. Für uns war diese Zeit vorbei.

Adda, Adda

(zur Melodie von „Patta Patta", aus dem Liederband „Naue Lirrer")

Komm, mir zwu gieh schbadsiern, adda, adda,
mir gieh schie schbadsiern, adda, adda,
dann mächsde Haija, Keand, joa, haija,
gummo, dè Wauwau kimmd, joa, Wauwau,
Adda, Adda, haija, haija, Wau, Wau, Wau,
doas wäsde doch schuh genau,
Keand, Keand, Keand,
woas säisd du schuh so schlau,
Keand, Keand, Keand,
Die Haggelchen voom Wauwau,
joa, die sai gruus, wau, wau, wau,
näi, der well nor schbien, dè Wauwau
mächd derr käi Aua, näi, käi Aua!
Komm, mir gieh wäirer, Keand, Adda, Adda,
mach merr mo Aija, Aijaja!
(Geschwadsd:) Adda, adda, hodd merr domols gesääd,
doa schdanne Muhannse noch off dè Wääd.
On wann es Mienzche Melch soufe dääd,
woar è Keand demesd nit wääd – gugguu!

Adda, Adda

Komm, wir zwei (weibliche Wesen) gehen spazieren,
adda, adda,
wir gehen schön spazieren, adda, adda,
dann machst du ein Schläfchen, Kind, ja Heija,
guck mal, der Wauwau kommt, ja, Wauwau,
Adda, Adda, Haija, Heija, Wau, Wau, Wau,
das weißt du doch schon genau,
Kind, Kind, Kind,
was bist du doch schon so schlau,
Kind, Kind, Kind.
Die Zähnchen vom Wauwau,
ja, die sind groß, wau, wau, wau,
nein, der will nur spielen, der Wauwau
macht dir kein Aua, kein Aua!
Komm, wir gehen weiter, Kind, Adda, Adda,
streichle mir mal über die Wange, mach Eia!
(Gesprochen:) Adda, adda, hat man damals gesagt,
da standen noch *Muhannse* (Kosewort für Kühe)
auf der Weide,
und wenn das Kätzchen Milch soff,
war ein Kind meist nicht weit – guck, guck!

Saa mo

Hast Du als Kind eigene Worte erfunden, weil Du etwas nicht aussprechen konntest oder weil Du Dich verhört hast?

Rore mo

Kennst Du oberhessische Koseworte? Rate mal: Welches ist keins? *Heazzebobbelche, Wirmche, Schädds-che, Hoseschaiserche, kläi Krodd, kläine Krodse, Schissdeangk*. Nicht einfach? Ganz einfach: Es sind alles Koseworte, wenn sie so ausgesprochen werden. An die Namen wurde auch gern ein –che angehängt, solange die Kinder noch klein waren. Manche blieben ihr Leben lang das *Marieche* oder das *Kallche*.

Wie wir die Kinder beim Namen nennen

In einer Klasse mit so vielen Kindern mussten wir uns erst einmal an neue Gesichter gewöhnen und uns neue Namen merken. Mehrere Dutzend auf einmal. Alles Vornamen, die heute noch lange nicht wieder in Mode sind: Sabine, Jörg, Carmen, Sonja, Manuela, Cornelia, Martin, Peter, Silke, Monika, Astrid, Ellen, Holger, Irmtraud, Esther oder Jochen.

Irgendwann sollten wir, so stand es in der Fibel, an einem Hochhaus mit zwanzig Wohnungen bei der richtigen Familie klingeln. Zwanzig Wohnungen! In unserem Dorf gab es keine Hochhäuser, an vielen Haustüren nicht einmal ein einzelnes Klingelschild. Wolltest du jemanden besuchen, dann hast du gewusst, wo die Leute wohnten und wo nicht. In jedem Fachwerkhaus lebte nur eine Familie, manchmal aber zwei oder drei Generationen. Und weil einige Männernamen besonders beliebt waren, hieß mancher Sohn wie der Vater oder der Großvater. Das machte es nicht einfacher.

„Jeder Mensch hat mindestens zwei Namen", stand in unserem Schulbuch. „Kennst du die Vornamen und Familiennamen deiner Klassenkameraden? Haben einige von euch auch Spitznamen?" Bei uns im Dorf hat jeder mindestens vier Namen. Einer davon ist ein Spitzname, den wir mit allen anderen teilen. Die Menschen in Ober-Gleen werden alle *Gliesboirel* (Kloßbeutel) genannt, die Wahlener *Prähler*, die Kirtorfer *Ächbeemerchen* (Eichbäumchen), die Arnshainer *Schdäikloppe*r (Steineklopfer), die Romröder *Heenze*. Zu fast allen Uznamen gibt es Geschichten zu erzählen, wahre oder erfundene. Manchmal wird wild spekuliert. Unsere Vorfahren sollen Klöße in einem Leinenbeutel als Verpflegung mit aufs Feld genommen haben, vielleicht haben sie früher auch besonderes gerne *Boirelches* gegessen, nach altem oberhessischem Rezept. Die Arnshainer hatten im Steinbruch gearbeitet. Ein *Heenz* ist ein Kater. Und mit Katzenmusik, nächtlichem Lärm vor dem Haus, hat man früher Leute um den Schlaf gebracht, wie Mitte des 19. Jahrhunderts in Romrod. Der Streit wurde in den Leserbriefspalten fortgesetzt.

Wenn du lange nicht mehr in deinem Dorf warst, kann es sein, dass du gefragt wirst, zu welcher Familie du gehörst (*Wemm säisdede?* Wem gehörst du denn?). Und du antwortest mit dem Namen deiner Sippe, deinem Dorfnamen. Ein Vorfahr oder eine Vorfahrin hat ihn geprägt, vielleicht aber auch der Beruf eines Urahnen oder der Platz, an dem das Haus steht. So ein Name ist was fürs Leben. In Ober-Gleen gab es zum Beispiel *Pauls, Zimmerhannesse, Endesche, Eggschdäis, Meddes, Wachnesch, Suse, Gemmesch, Koods, Ammegridds, Wähnesch, Heasche, Evas, Wolfe, Schelde, Enggels, Birgeschdoggs, Kasbesch, Mäuresch* und *Pochdersch*. Und viele andere, die man sich merken muss. Nach dem Dorfnamen nennst du den Vornamen: „*Ech sai Pauls Monika. On doas eas die Sabine. Endesche Sabine.*" Schon wissen Einheimische, wer deine Eltern, deine Großeltern und deine Urgroßeltern waren. Man kann auch fragen: „*Wie schräibsde dech dann?*" Wie schreibst du dich denn? Und dann ist der Familienname gemeint. Der Name, der im Pass steht und den manche bei ihrer Hochzeit im Standesamt abgeben. Der Dorfname aber bleibt ihnen erhalten. Und der Uzname auch. Hat jemand auch noch einen zweiten Vornamen oder einen Spitznamen oder einen Kosenamen in der Familie, dann brauchen die anderen ein gutes Gedächtnis.

Rore mo

In Klein-Felda im Feldatal wohnen die *Stiggsteagge*, so schreibt es der Mundartforscher Karl-Heinz Theiß aus Gemünden. Rate mal: Was ist damit gemeint? A. Frauen, die man im Spott *Geschdegger* nennt, sitzen in der Ecke und sticken. B. Einige Männer aus dem Dorf wussten, wie man Stecken stecken kann. Bevor die Gefache der Fachwerkhäuser ausgemauert wurden, hat man ein Weidengeflecht mit Lehm verputzt. C. Die Kinder in Klein-Felda spielen meisterlich Mikado. D. Nach einer alten Sage soll der Teufel einen Bauern im Feldatal gefragt haben, ob er ihm ein Stück (Ober-Gleener Dialekt: *Schdegg*) Land in der Hölle eggen könne. Er wolle ihn mit Gold belohnen. Der Bauer aber ließ sich darauf nicht ein und rief: „Du hast doch Dreck am Stecken!" *Du hosd doch Dregg om Schdeagge*. Wenn Du die Antwort nicht weißt, fahr ins Feldatal und frag die Leute dort. Oder lass Dir im Freilichtmuseum Hessenpark erklären, wie die Leute früher ihre Häuser gebaut haben.

Saa mo

Sag mal: Hast Du auch mehr als zwei Namen? Welche Spitznamen von Schulfreundinnen oder Schulfreunden haben sich bei Dir eingeprägt? Wie habt Ihr Eure Lehrerin oder Euren Lehrer heimlich genannt? Und den Rektor? Welche Vornamen kamen bei Euch besonders häufig vor? Im Gleenbachtal hat man früher gesagt: *Kall häsese all on Peder hääsd jeerer.* Karl heißen sie alle, und Peter heißt jeder. Dazu gibt es ein Mundartlied (siehe Ober-Gleener Liederbände) auf eine berühmte französische Melodie.

Hosde doas gewossd?

Wie der Vogelsberg zu seinem Namen kam, wissen alle, die Sagen lesen. Und dass er nicht nur ein Mittelgebirge, sondern auch ein Vulkan ist, lernen oberhessische Kinder in der Schule. Aber hättest Du gewusst, dass der Vogelsberg größer ist als der drei Kilometer hohe Ätna? Mag sein, sein höchster Gipfel, der Taufstein, kommt gerade einmal auf 773 Meter und sein Tiefpunkt ist in Grund-Schwalheim in der Wetterau erreicht, auf etwa 128 Metern über dem Meeresspiegel. Aber es geht nicht um die Höhe: Der Vogelsberg ist breiter als alle anderen Vulkane in Mitteleuropa. Er ist ein Vulkangebiet und nicht etwa ein Schildvulkan, wie wir noch in Erdkunde gelernt hatten. Der *Vochelsberch* hat einen Durchmesser von etwa 60 Kilometern und erstreckt sich über 2500 Quadratkilometer. Frankfurt am Main würde gut zehnmal hineinpassen. Und auch wenn es schon 15 Millionen Jährchen her ist, dass unsere Vulkane zuletzt Lava und Asche gespuckt haben: Es hat jede Menge Spuren aus Basalt hinterlassen. Im Vulkaneum in Schotten kannst Du mehr darüber erfahren, bei einer Führung durch einen der alten Steinbrüche in Oberhessen, in Büchern und im Internet auf der Seite des Geoparks Vogelsberg.

Der Stichling und die Kaulquappe

Eines schönen Morgens sind sich zwei begegnet, die hatten sich noch nie zuvor getroffen in dem Graben in der Nähe des Baches. Niemand beobachtete sie dabei, nicht einmal der Wasserläufer auf seiner Joggingrunde. Ein Frosch hat die Geschichte von einem Feuersalamander, und der soll sie von einer Libelle gehört haben. Aber fragt die Kröte, wenn ihr mir nicht glaubt.

An jenem Morgen probierte ein Stichling seinen Dreizack aus, um in Übung zu bleiben. Wieder und wieder griff er unsichtbare Gegner an. „Da, nehmt das!" Und beinahe hätte er eine frisch geschlüpfte Kaulquappe in die Seite gepiekst.

„Entschuldigung", sagte der Stichling. „Ich habe dich nicht kommen sehen. Wie siehst du denn eigentlich aus?" „Wie eine frisch geschlüpfte Kaulquappe", sagte die Kaulquappe. „Was für ein komischer Name", wunderte sich der Stichling. „Larve eines Froschlurchs ist auch nicht besser", erwiderte die Kaulquappe. „Kaulquappe, das klingt wenigstens lustig. So haben die Menschen im späten Mittelalter gesprochen, vor 600 Jahren. Kommt von kûle für Kuhle und quabbe für wabbeliges Tier. Das habe ich in der Schule gelernt, als ich noch Laich war."

„Soso", sagte der Stichling. „Das lernt man also bei euch in der Laichschule. Aber warum hast du die Kiemen außen?" „Das ist normal, solange ich klein bin." „Und was willst du mal werden, wenn du groß bist?" „Ein Grasfrosch." Der Stichling lachte. „Ein Frosch? Aber du atmest unter Wasser, hast einen Schwanz und keine Beine." „Das kommt noch mit den Beinen", sagte die Kaulquappe. „Die Hinterbeine zuerst." „Das muss ja komisch aussehen", stichelte der Stichling. „Kann sein", sagte die Kaulquappe. „Aber was macht das schon. Andere sehen ihr Leben lang gleich aus. Wie langweilig!" „Wo sind denn deine Eltern", erkundigte sich der Stichling und schwamm um die Kaulquappe herum, um zu sehen, ob sie wirklich ganz allein war.

„Keine Ahnung“, antwortete die Kaulquappe und zuckte mit dem Schwanz. „Was sind Eltern?“ „Was dich angeht, wohl zwei Grasfrösche“, sagte der Stichling. „Ein Männchen und ein Weibchen.“ „Und was bist du?“, wollte die Kaulquappe wissen, denn es gefiel ihr gar nicht, so ausgefragt zu werden. „Ein Männchen“, sagte der Stichling und ließ seinen Bauch rot und seinen Rücken türkis leuchten. „Ein Fisch. Und ein Vater.“
„Also ein Grasfrosch“, sagte die Kaulquappe. „Um Meeres willen, nein“, rief der Stichling. „Wie kommst du denn auf sowas?!“ „Du hast gesagt, Eltern sind Grasfrösche.“ „Deine vielleicht“, antwortete der Stichling. „Meine waren Dreizackige Stichlinge. Und ich bin auch einer. Genau wie meine Kinder.“ „Du hast Kinder?“, wunderte sich die Kaulquappe. „Sonst wäre ich kein Vater, sagte der Stichling. „Ungefähr tausend. Von mehreren Weibchen.“ „Tausend“, hauchte die Kaulquappe und vergaß beinahe, durch die Kiemen zu atmen.

„Tausend“, sagte der Stichling. Es hätte nicht viel gefehlt, und er wäre vor Stolz geplatzt. Sein Bauch leuchtete gleich noch ein bisschen roter, der Rücken noch ein bisschen türkiser. „Ein Sack Wasserflöhe ist leichter zu hüten. Ich flitze den ganzen Tag hinter ihnen her. Man hat's wahrhaftig nicht leicht als alleinerziehender Vater.“
„Hinter mir flitzt keiner her“, sagte die Kaulquappe, und es klang beinahe erleichtert. „Dann pass gut auf dich auf“, sagte der Stichling. „Merkst du nichts? Es zieht hier wieder mal wie Hechtsuppe.“ Mit diesem Satz pflegte er seine tausend Kinder vor Fressfeinden aller Art zu warnen. Zum Glück lebten im Graben keine Hechte, aber man konnte nicht vorsichtig genug sein. Wer wusste schon, ob da oben im Grünen nicht doch ein hungriger Graureiher stand und ein paar Stichlinge zum Frühstück fressen wollte?

Die kleine Kaulquappe versteckte sich ganz schnell zwischen den Wasserpflanzen. Reiher und Hechte kannte sie nicht. Aber vor Gelbrandkäfern auf der Hut zu sein, hatte sie gleich am ersten Tag in der Schule gelernt. Sie konnte es kaum erwarten, dass ihr endlich Beine wuchsen. Erst die kräftigen Hinterbeine, dann die Vorderbeine und ein ganz breites Maul zum Mückenschnappen.
„Akwakaddabra, schwimmsalabim, amfidibus“, murmelte sie. „Unketunketosch, fertig ist der Frosch!“
Und hüpfte auf die Wiese.

Off Owwerhessisch:

Der Stichling hätte die Kaulquappe auch fragen können: „*Wemm säisdede?*" Wem gehörst du, zu wem gehörst du, wer bist du? Und die Kaulquappe hätte geantwortet: „*Ech sai è kläi Kaulkwabb.*" Der Stichling hätte ihr erklärt: „*Dai Ellern sai Freesch.*" Deine Eltern sind Frösche. Ein Frosch ist ein *Froosch*. Und ein Fisch ein *Fesch*. „*Gebb gudd off dech oachd*", hätte der Stichling am Ende gesagt. Gib gut auf dich acht. Oder: *Bass gudd off dech oachd*. Die erwähnten Farben: *ruud* (rot), *gäl* (gelb), *bloo* (blau), *grie* (grün), *groo* (grau). Ein paar Körperteile: *Bäi* (Bein/Beine), *Kobb* (Kopf), *Kebb* (Köpfe), *Oam* (Arm/Arme), *Fuss* (Fuß), *Fiss* (Füße), *Haand* (Hand), *Hänn* (Hände), *Fengger* (Finger), *Damme* (Daumen), *Zeh* (Zehe/Zehen), *Zooh* (Zahn), *Zieh* (Zähne), *Noas* (Nase), *Ohr* (Ohr), *Uhrn* (Ohren), *Mònd* (Mund), auch *Maul* (bei Angebern: *Schlabbmaul), Klabb, Gusch, Bruddsch* (wenn jemand beleidigt die Unterlippe vorschiebt, zieht er eine *Bruddsch*). Bach ist auf Oberhessisch weiblich: *die Bach*. An Ober-Gleen fließt die Gleen vorbei, ab der Kirschbrücke heißt sie Klein. Weißt Du, wohin sie fließt? In welchen großen Fluss? In welches Meer? Guck auf die Landkarte.

Hosde doas gewossd?

Hast Du das gewusst? Der Name Gleen bedeutet gar nicht klein. Und er ist viel älter als alle Dialekte. Der Kirtorfer und Ober-Gleener Pfarrer Otto Christ hat sich im frühen 20. Jahrhundert mit der Geschichte der Kelten beschäftigt. Ihm verdankte die Gemeinde Mücke 1972 ihren Namen, denn Mücke kommt vom keltischen Wort much oder mack für feucht oder sumpfig. Der Heimatforscher hat auch herausgefunden, dass Gleen ein keltischer Gewässername ist und damit mehr als 2000 Jahre alt. Glenaha bedeutet: am klaren Wasser. Und klares Wasser brauchen Menschen und Tiere zum Überleben.

Horchen und gehorchen

In der Fibel „Ich und Du – Du und ich“ wurden wir Kinder gefragt, ob uns Erwachsene schon einmal gesagt hätten, wir sollten brav sein. Nur einmal? Hätten wir für jede Ermahnung einen Groschen bekommen, hätte man die Kaugummiautomaten der ganzen Gegend täglich neu auffüllen müssen. Im Lebensmittelladen wären alle Leckmuscheln ausverkauft gewesen, auch die Brausetütchen und die kegelförmigen Lutscher.

Diskutiert wurde mit uns Kindern nicht. Die Welt war seit Urzeiten in Kleine und Große aufgeteilt: Die Großen hatten das Sagen, und die Kinder sollten zuhören und gehorchen, *horche on gehorche*. In der Firma entschied der Chef, in der Schule die Lehrerin, beim Fußball der Trainer. Das war normal. In der evangelischen Kirche der Bischof, in der katholischen Kirche der Papst. Das nannte man gottgegeben. In der Politik entschied der Herr Minister, und Bürgerinnen und Bürger durften dagegen demonstrieren, bis die Polizei kommt. Das und die Wahlen nannte man Demokratie. Wenige Jahre nach der Einschulung lernten wir, dass der Kremlchef und der US-Präsident Atomraketen auf unsere Region gerichtet hatten. Unser Frieden war ein Kalter Krieg und wir bloß die Zivilbevölkerung. In der Armee hatte der General das Sagen. In der Ehe der Mann. Das nannte man Tradition, so wollten es die Gesetze, und trotzdem sahen wir im Fernsehen Frauen selbstgemalte Schilder hochhalten und dagegen protestieren. Eltern hatten das Recht, über ihre Töchter und Söhne zu bestimmen und sie zu schlagen. Das nannte sich Erziehung.

Manche Eltern verdroschen ihre Kinder häufig, die einen, weil sie es nicht anders kannten, die anderen aus Gemeinheit, im Suff oder weil sie sich nicht anders zu helfen wussten. „*Doas hodd ins aanaut geschodd!*“ In ihrer Kindheit waren die meisten von ihnen selbst verprügelt worden, in der Schule sogar mit dem Rohrstock. Manche hatten im Krieg zwischen Trümmern oder auf der Flucht schreckliche Dinge gesehen, über die niemand mit ihnen gesprochen hatte. Als sie erwachsen waren, fehlten ihnen die Worte für so vieles, dass ihnen Diskussionen Angst machten. Was war, wenn die Welt ins Wackeln geriet und der Himmel einstürzte? Was, wenn es keine Antworten gab?

Manchmal aber waren wir Kinder so quengelig, ungerecht und schlecht gelaunt, wie es Kinder eben sein können, weil sie nun einmal keine Engel sind. Manchmal hat allerdings nicht viel gefehlt, und wir hätten Weihnachten im Himmel feiern können, weil wir so unvorsichtig gewesen waren oder uns wieder einmal maßlos überschätzt hatten. An solchen Tagen fragten sich dann selbst die allerliebsten, geduldigsten, friedlichsten Eltern laut, womit sie so einen Nachwuchs verdient hatten. Ungezogene Kinder bekamen wahlweise keinen Pudding oder durften nicht fernsehen, manche wurden in den Keller zu den Einmachgläsern oder auf den Dachboden zu den Mäusen gesperrt, mit Gardinenpredigten oder eisigem Schweigen bedacht und mitten am Tag auf ihr Zimmer geschickt. Oder sie bekamen zwei, drei Wochen Hausarrest. Aber erst nach Schulschluss.

Was an Ratschlägen zum einen Ohr rein, zum anderen rausging, war häufig gut gemeint, weil sich die Erwachsenen um uns sorgten. Das war uns eigentlich auch klar, aber das machte es nicht besser, wenn der Wollpulli kratzte wie drei Sack Juckpulver und Spinat wie Spinat schmeckte. Wir sollten uns warm anziehen und durften uns selbst im Hochsommer nicht ohne Kissen auf die Steinstufen vor dem Haus setzen, damit wir uns die Blase nicht verkühlten, wir sollten genug essen, Speck vor allem, damit wir wuchsen und stark genug waren, um unseren schweren Ranzen zu schleppen. Wir sollten uns die Zähne putzen, damit der Zahnarzt nicht schon wieder bohrte, und die Tante küssen, damit sie Ruhe gab, wir sollten früh ins Bett gehen, weil Schlaf gesund ist, trotz der Gespenster unter der Matratze. Und wir sollten in unseren guten Kleidern bitteschön nicht in Pfützen springen, weil wir sonst aussahen wie *Hämel* und man sich für uns schämen musste. Unsere Eltern und Großeltern wollten, dass es uns gutging, und sie wollten sich nicht mit uns blamieren. Da verstanden sie keinen Spaß.

Ziggd ouch woarm oo!

(Wahlweise zu singen nach der Melodie von „Chirpy Chirpy Cheep Cheep" oder der „Wolgaschiffer", dann jeweils fünfmal wiederholen, ohne den Nachsatz)

Ziggd ouch woarm oo!
Ziggd ouch woarm oo!
Ziggd ouch woarm oo!
Ziggd ouch woarm oo!
Ziggd ouch woarm oo!
Ouch woarm oo!

Machd dè Deller lier! (5x)
Deller lier!
Gedd dè Daand' enn Kuss! (5x)
Daand enn Kuss!
Hebbd nit ean die Pedsch! (5x)
Ean die Pedsch!
Bodsd ouch joo die Zieh! (5x)
Joo die Zieh!
Gidd schie frieh eans Näsd! (5x)
Frieh eans Näsd!
Hirrt, wann ech's ouch schbrech! (3x)
Hirrt, hirrt, hirrt, hirrt,
on dann duh merr Läch!

Saa mo

Sag mal: Welche Version gefällt Dir besser, die heitere oder die schwermütige? Kennst Du einen oberhessischen Spruch in der Befehlsform? Hast Du schon einmal eine Ohrfeige bekommen? Wie war das? Was ist danach passiert? Wenn ein Mensch einem anderen wehtut, nennt man das Gewalt. Auch ein Wort oder Schweigen kann verletzend sein. Wie löst Du Probleme? Wer soll in dieser Welt das Sagen haben?

Off Owwerhessisch

Die Befehlsformen in der Einzahl wären: *mach, zieh, gebb, bods, gieh, hirr*. Die Verben *mache* (machen) und *duh* (tun) kann man verwenden wie im Hochdeutschen, aber man kann auch sagen: *Ech mach mech foadd*. Ich gehe fort. *Mach dech ob!* Hau ab! *Ech mach mech eans Näsd!* Ich gehe ins Nest (Bett). Nicht zu verwechseln mit: *Ech mach eans Näsd*. Anziehen heißt eigentlich nicht *sech woas ooziejè*, sondern *sech woas oo-duh. Duh derr woas Saaweres oo!* Zieh dir etwas Sauberes an. *Ech huh naut zem Oduh!* Ich hab nichts zum Anziehn! *Ech duh Läch*. Ich breche in Gelächter aus.

Hosde doas gewossd?

Hast Du das gewusst? Im Großherzogtum Hessen-Darmstadt, zu dem Oberhessen gehörte, waren die Menschen im frühen 19. Jahrhundert nicht frei. Als Untertanen mussten sie bei vielen persönlichen Entscheidungen um Erlaubnis bitten. Wer der Obrigkeit widersprach, konnte im Gefängnis landen. Wie Friedrich Ludwig Weidig. Der Lehrer aus Oberkleen war Schulrektor in Butzbach gewesen und als Pfarrer nach Ober-Gleen strafversetzt worden, weil er für eine gerechtere Welt eintrat. Heimlich gab er das Flugblatt „Der Hessische Landbote" heraus, das der Student und Dichter Georg Büchner geschrieben hatte. 1835 wurde Weidig verhaftet. Trotz einer Bittschrift seiner Gemeinde, einer der ersten Unterschriftensammlungen weltweit für einen politischen Gefangenen, blieb er im Darmstädter Gefängnis. Nach zwei Jahren Einzelhaft soll er sich in seiner Zelle das Leben genommen haben. Seine Frau Amalie starb bald darauf. Die Kinder Wilhelm und Friedegard Amalie sind bei ihrem Onkel und ihrer Tante in Homberg/Ohm aufgewachsen. In Butzbach, in der Dr.-Weidig-Straße in Ober-Gleen, in Oberkleen, im Kirtorfer Museum und in der Reihe „Köpfe der Demokratie" wird an die Familie Weidig erinnert. Und der Ober–Gleener Schreinermeister Helmut Knöchel hat die Originaltüren des Ober-Gleener Pfarrhauses gerettet und in einen Eichenschrank eingebaut.

Durch Schaden wird man klug

(Fast unkorrigierter Schulaufsatz von 1973)

Durch Schaden wird man klug
Der vorwitzige Peter lief zum
Gartentor hinaus auf die Wiese.
Er fand einen kleinen Stock und
der gefiel ihm gut. Er ging weiter
und sah einen Bienenstock, der
an einem Ast der alten Eiche.
Er dachte: Da hole ich mir Honig

Der vorwitzige Peter lief zum Gartentor hinaus auf die Wiese. Er fand einen kleinen Stock und der gefiel ihm gut. Er ging weiter und sah einen Bienenstock an einem Ast der alten Eiche. Er dachte: Da hole ich mir Honig raus. Jeden Tag und den esse ich allein. Hm, hm, wie wird mir der Honig schmecken! Weil mein Bruder mir auch seinen Klebe nicht gibt, kann ich meinen Drachen, mein Auto, mein Flugzeug und meine Lokomotive nicht kleben. Jetzt wird es anders! Ich, der große Peter, werde mir sogar noch ein Ungehäuer kleben! Mit gelber Klebe. Er stach in den Bienenstock hinein. Aber die wilden Bienen hatten dies wohl nicht gern, denn sie setzten zum Angriff an. Peter hatte es nun sehr eilig. Er lief und fiel. Peter fiel über dreisig Maulwurfshaufen und zehn Ameisenhügel und rannte an drei Bäume. Endlich kam er an den Weiherteich. Er sprang hinein und nun war er einer neuen Plage zum Opfer gefallen. Er konnte nicht schwimmen und wurde ohnmächtig! Peters Bruder hatte ihn gesucht und jetzt hatte er ihn hier gefunden. Zum Glück hatte er schon den Rettungsschwimmer. Als er seinen Bruder auf dem Wasser schwimmen sah, sagte er: „Ei, lernst du schwimmen?" Und jetzt sprang er in den Teich und holte den Bruder herraus. Daß dieser ohnmächtig war, kam ihm nur recht. Zu Hause durfte er das Muttervatersöhnleinchen ja nicht schlagen. Jetzt tat er mit festen Ohrfeigen eine gute Tat. Er hieb feste zu und es klatschte tüchtig. „Eins, zwei, drei, vier und fünf, sechs, sieben, acht, neun, zehn, elf, zwölf, dreizehn, vierzehn! Und so machte er weiter bis zwanzig. Peter wachte auf und schrie: „Dreizehn Bienen haben mich verfolgt! Glaube ich! Du haust mich auch noch! Au, au, mir tut so viel weh. Die Bienen haben mich getochen!" Jetzt heulte er. Dann ging es heim. Aber nicht die Mutter oder der Vater waren da, sondern Oma! Die nahm sofort den Rührlöffel heraus und versohlte Peter tüchtig. „Du Lümmel, Lausbub, Strolch, Frechdachs", rief sie. „Warte nur!" Sie steckte Peter ins Bett und rief Frau Doktor Maier an. „Kommen sie bitte und bringen sie ihre größten Spritzen und Zöpfchen mit. Der Lümmel, der Peter, ist in den Teich gesprungen und war ein bißchen erhitzt! Die Bienen haben ihn auch gestochen! Kommen sie schnell! Bitte schnell!", sagte sie über Telefon zur Frau Doktor. Frau Doktor kam, gab Spritzen und Zöpfchen. Peter autschte sehr und quikte. Sein Bruder bog sich vor Lachen. Peter mußte acht Wochen im Bett bleiben und hatte 3 Wochen Stubenarest und mußte 5 Wochen Fernsehverbot einstecken. „Ja", sagte Peter, aus Schaden wird man klug. „So kommts, Peter!", sagte die Großmutter. „Das wirst du wohl nie mehr tun. Dafür habe ich ja gut gesorgt!"

Off Owwerhessisch

Riehrleffel und *Schbredse* waren gefürchtet. Wobei es bei uns daheim zwar keine Prügel gab, Hausbesuche der Landärztin (Frau *Doggder*) aber schon, und vor ihr hatten alle einen Riesenrespekt (*Regadd*). Und wenige Jahrzehnte zuvor war ein Jugendlicher im Teich (der *Kuhdrängk*) im Ober Gleener Wald gestorben. Vermutlich weil er sich nicht abgekühlt hatte. *Zebbche* und *Zäbbche* sind im Dialekt leicht zu verwechseln. Da können in der hochdeutschen Version schnell mal Zöpfchen aus Zäpfchen werden. Und offenbar hatte uns auch noch niemand erklärt, dass ein Weiher ein Teich (*Däăch*) ist und dass Bienenstöcke, die Beuten, nicht an Bäumen hängen. Bienen können an Bäumen Schwarmtrauben bilden, manche Arten von Bienen und Hummeln nisten in Bäumen, andere im Erdboden (*ean dè Äad,* mit *Burre* ist meist der Dachboden gemeint, dort hausten mitunter Hornissen), sogar in Mauselöchern. In Zeichentrickfilmen wurden die Bösen von Bienen gejagt, *die Biese voo Bie gejeechd. Doas woar è Jochd!* Das war eine Jagd, das war eine Hektik. *Aus Schoare weadd merr schlau.*

Saa mo

Sag mal: Hast Du noch Schulaufsätze oder Diktate aus den Siebzigern? Worum ging es da? In dem Schulheft aus dem Jahr 1973, aus der dritten Klasse, drehte sich zum Beispiel vieles um Autos (So wird ein Rad gewechselt, schwere Wahl im Autosalon), um eine Großmarkthalle, um das Bauen von Häusern und anderen Gebäuden, um Strom (wie die neue Hochspannungsleitung gebaut wurde, der Strom hat unser Leben erleichtert, das elektrische Handtuch) und Flugzeuge.

Glückskäfer, flieg!

Der Ransberg war für uns Kinder in den Siebzigern ein großer Abenteuerspielplatz. Wir sind auf den üppigen Blumenwiesen herumgetanzt, haben Blütenkränze geflochten und im Herbst Drachen steigen lassen. Es gab dort richtig mystische Orte, den Hexenstein aus der Zeit der Kelten, kleine Wäldchen mit alten Bäumen und dichtem Buschwerk. Wir konnten auf Bäume klettern, uns Baumhäuschen bauen, und die dichten Hecken waren ideal, um Verstecken zu spielen. Auf den Wiesen grasten Kühe, und ganz in der Nähe hatte ein Imker seine Bienenstöcke. Vor den Bienen hatten wir Kinder großen Respekt, also machten wir einen großen Bogen um ihr Zuhause.

An einem wunderbaren, warmen Nachmittag im Juni 1975, kurz vor den Sommerferien, waren Martina und ich auf dem Ransberg oberhalb unseres Heimatdorfes verabredet. Wir hatten etwas Besonderes vor und konnten es kaum abwarten, dass die Schule endlich aus war. Wie abgesprochen, brachte jede von uns eine leere Streichholzschachtel mit, in deren Deckel kleine Luftlöcher waren.

Wir suchten uns eine Stelle auf dem Ransberg, an der unzählige Brennnesseln wuchsen. Es gab dort Brennnesseln, die auf der Haut brannten, wenn man sie berührte, und auch Nesseln, die nicht brannten, wenn man sie berührte. Die blühten weiß und rosa und zogen jede Menge Hummeln an, die sich aus den Blüten Nektar holten.

Wir beide aber suchten die „brennenden" Nesseln, die *Bonnnessenn*. Auf denen tummelten sich jede Menge Marienkäfer, die man auch Siebenpunkt oder kleine Glückskäfer nannte. Manche Marienkäfer versteckten sich unter den Blättern der Nesseln. Wir sammelten die Käfer um die Wette von den Brennnesseln ab und verstauten sie in den Streichholzschachteln. Es war ein Spiel: Wer fängt die meisten Käfer? Das war nicht so einfach. Immer wenn wir eine Schachtel aufmachten, um wieder einen Käfer hineinzubugsieren, konnte es sein, dass einer oder auch zwei davonflogen. Also einer rein, zwei andere raus. Wir vergaßen darüber die Zeit, und es war unmöglich, festzustellen, wer gewonnen hatte. Schließlich ließen wir die Marienkäfer wieder frei und sahen zu, wie sie zusammen mit Schmetterlingen und anderen Insekten über die Blumenwiesen flogen.

Saa mo

Sag mal: Kennst Du das Protestlied „Karl der Käfer" der Gruppe „Gänsehaut" von 1983? Der Refrain geht so: „Karl, der Käfer wurde nicht gefragt. Man hat ihn einfach fortgejagt." *Kall dè Käfer hodd käis gefreegd. Merr hodden äifach foaddgejeegd.* Kennst du noch andere Käferlieder? Zum Beispiel das jahrhundertealte Volkslied „Maikäfer, flieg" („dein Vater ist im Krieg, die Mutter ist in Pommerland, Pommerland ist abgebrannt."). Wilhelm Grimm hat 1808 in „Des Knaben Wunderhorn" über spielende Kinder geschrieben und die Mai- in Marienkäfer verwandelt: „Das schöne, bunt punktierte Marienwürmchen setzen sie auf die Fingerspitzen und lassen es auf- und abkriechen, bis es fortfliegt. Dabei singen sie: Marienwürmchen, fliege weg, fliege weg! Dein Häuschen brennt! Die Kinder schrein!" Und Christine Nöstlinger hat 1973 ihre Erinnerungen an das Ende des Zweiten Weltkrieges in dem Kinder- und Jugendbuch „Maikäfer flieg!" geschildert.

Hosde doas gewossd?

Hast Du das gewusst? Laut Naturschutzbund (Nabu) gibt es allein in Deutschland 70 Arten von Marienkäfern, weltweit etwa 4500. Marienkäfer ernähren sich von Blattläusen. Die Marienkäferlarven sind so wild darauf, dass sie auch Blattlauslöwen genannt werden. Jede Larve verputzt um die 500 Blattläuse, alle Larven eines einzelnen Käfers zusammen etwa 100.000 Läuse. Na, wie viele Nachkommen hat ein Marienkäfer ungefähr? *Zwähonnerd.* Wehrlos sind die nach der Jungfrau Maria benannten Käfer nicht: Sie sondern eine gelbliche, ganz fies stinkende Flüssigkeit ab, wenn sie in Gefahr sind. Und Vögeln sind sie viel zu bitter. Glück gehabt! *Glegg gehadd!*

Wir bauen ein Bienenhotel

Für ein Bienenhotel zum Zusammenstecken brauchen wir:

Material: Holzbretter, Streifen einer Grobspanplatte (OSB) oder Faserplatte
Werkzeuge: eine Holzsäge, zum Beispiel einen Fuchsschwanz, einen Zollstock oder Maßband, einen Bleistift, einen Winkel, eine Holzfeile/Raspel, eventuell einen Stechbeitel, Holz- oder Metallbohrer, einen Tacker und/oder Holzleim.

Unser Bienenhotel zum Zusammenstecken besteht aus acht gleich großen Brettern aus Holz und Rückwand. Die Materialien sollten möglichst unbehandelt sein, damit keine schädlichen Stoffe wie zum Beispiel Lösungsmittel entweichen können. Die Maße können je nach gewünschter Größe des Hotels angepasst werden. Die Bretter sollten etwa zehn Zentimeter breit und ein bis zwei Zentimeter dick sein und müssen zunächst auf das gleiche Maß gebracht werden, zum Beispiel mit einem Fuchsschwanz. Eventuell solltet Ihr dabei jemanden mit Sägewerkzeugen um Hilfe bitten.

Die Länge der Bretter wird nun rechnerisch so aufgeteilt, dass jeweils rechts und links ein paar Zentimeter überstehen (zum Beispiel fünf Zentimeter). Den Rest der Länge teilt man durch drei. Ein Beispiel: Die Bretter sind 40 Zentimeter lang. Wir zeichnen rechts und links fünf Zentimeter an. Wenn wir die restlichen 30 Zentimeter durch drei teilen, sind die Abschnitte jeweils zehn Zentimeter groß. Diese Maße übertragen wir nun als Markierung mit einem Stift auf alle Stücke. Je genauer man das anzeichnet, desto einfacher lässt sich das Hotel nachher zusammenstecken.

Nun zeichnen wir an jeder Markierung eine Nut an, die halb in die Bretter hineinführt. Die Breite der Nut entspricht dabei der Stärke der Bretter plus etwas Spielraum. Man kann zum Anzeichnen zum Beispiel ein Reststück von einem Brett benutzen, um das man mit einem Stift herumzeichnet. Nun wird mit einer Säge, zum Beispiel einem Fuchsschwanz, die Nut in alle Bretter gesägt. Man kann das einzeln oder mit mehreren

Brettern gleichzeitig tun, wenn man sie mit Schraubzwingen zusammenpresst. Der kleine Steg, der zwischen den Sägeschnitten entsteht, lässt sich mit einem passenden Stechbeitel meist leicht entfernen. Je nach Holzsorte/Stärke kann man ihn auch einfach herausbrechen und mit einer Holzfeile etwas nacharbeiten.

Probiert das am besten erst mal mit zwei Brettern und jeweils einer Nut aus und versucht, die beiden entstandenen Nuten ineinander zu stecken. Die Bretter sollten nicht zu stramm sitzen. Habt Ihr anschließend alle Nuten ausgearbeitet, könnt Ihr die Bretter so ineinander stecken, dass neun kleine Boxen entstehen. Eine Seite verschließt Ihr am besten mit einer dünnen Holzfaserplatte, Karton oder weiteren Brettstückchen. Die Rückwand könnt Ihr mit einem Tacker oder Holzleim befestigen.

Nun könnt Ihr das Bienenhotel mit verschiedenen Materialien füllen, die als Brutröhren dienen. Es eignen sich dazu am besten getrocknete Pflanzen, die einen hohlen Stängel haben, zum Beispiel Bambus- oder Schilfrohr. Alternativ kann man auch Löcher in Holzstängel bohren, die mit Mark gefüllt sind und gelegentlich bei der Gartenpflege anfallen. Auch Reststücke von Laubholzarten wie Buche oder Eiche lassen sich verwenden, wenn man Löcher hineinbohrt. Die Bohrlöcher sollten am besten fünf bis zehn Zentimeter lang und der Durchmesser drei bis zehn Millimeter groß sein.

Das Hotel sollte vor Nässe geschützt stehen, möglichst an einem sonnigen Plätzchen. Etwa zu Frühlingsbeginn kann man mit den ersten Besuchern rechnen, zum Beispiel mit gehörnten Mauerbienen. Die erkunden die mögliche Behausung erst einmal gründlich. Gefällt ihnen das Hotel und sein sonniger Standort und sind Wasser und anderes Baumaterial für das Verschließen der Röhren in der Nähe vorhanden, dann könnt Ihr damit rechnen, dass sich bald mehr von diesen eifrigen Besuchern dort tummeln. Natürlich sollte man dabei nicht vergessen, dass Bienen durchaus schmerzhaft stechen können, wenn sie sich wehren müssen. In der Regel sind sie jedoch äußerst friedfertig und tolerieren ihre Hotelbauer und Beobachter.

Die Bienen tragen nun Futter (meist Pollen) in die Brutröhren, legen anschließend ein Ei dazu und verschließen die Röhre mit einem Brei aus Steinstaub. Es können auch mehrere Brutkammern in einer Röhre entstehen. Wenn die Brutröhren verschlossen und die Aktivitäten im Sommer beendet sind, wachsen im Innern der Röhre die Larven der Bienen heran. Zum nächsten Frühlingsanfang schlüpfen dann die ersten Bienen aus den Röhren. Das sind zumeist Männchen, die dann direkt am Hotel auf Weibchen warten, um sich mit ihnen zu paaren. Dadurch schließt sich der Kreis, und eine neue Generation wilder Bienen sucht nach einem geeigneten Zuhause. Manchmal werden die Legeröhren auch von anderen Insekten besucht, die ebenfalls ihre Eier dort ablegen, um vom Futter oder auch von den Larven der Bienen zu profitieren.

Es ist wichtig, die Legeröhren jährlich zu ersetzen oder zu säubern, damit der Larvenkot aus dem Vorjahr, Pilzsporen und Krankheitskeime dem Nachwuchs der Bienen und Solitärwespen nicht schaden. Wenn die Gäste sich wohlfühlen, ist das „Hotel zur flotten Biene" ausgebucht. Und das Brutgeschäft brummt.

Off Owwerhessisch

Bie (Biene/n). *Bienche* (Bienchen). *Biekeenichin* (Bienenkönigin). *Neggdaa* (Nektar). *Biehuink* (Bienenhonig). Wesp (Wespe). *Wesbe* (Wespen). *Fligg* (Fliege). *Flieje* (Fliegen), *flieje* (fliegen). *Waawe* (Waben). *Brerrer* (Bretter). *Hodell* (Hotel). *Gäsd* (Gäste).

Hosde doas gewossd?

Fast die Hälfte (43 Prozent) der hessischen Wildbienenarten sind gefährdet, bereits ausgestorben oder verschollen. Die orange-braune Mai-Langhornbiene, die nicht auf der roten Liste steht, ist 2021 zur Biene des Jahres gekürt worden. Aber auch sie braucht Unterstützung. Wer ihr etwas Gutes tun will, sät im Garten Zaunwicken aus. Besonders wichtig ist, dass Wildbienen zu unterschiedlichen Jahreszeiten etwas finden, vor allem heimische Pflanzen mit ungefüllten Blüten. Empfohlen werden unter anderem Bärlauch, Perlhyazinthen, Schneeglöckchen, Krokusse, Klee, Ackerbohnen, Borretsch, Küchenkräuter, Löwenmäulchen, Brombeersträucher, Weißdorn, Wildrosen, Glockenblumen, Fingerhut, Blutweiderich, Lavendel, Sonnenblumen, Stockrosen, Färberkamille, Kornblumen und Schmuckkörbchen. Und der Hit auf dem Balkon, auch für Hummeln, ist lila blühendes Basilikum.

Brett, z.B. 40cm x 10cm x 1cm

Sägen und ausarbeiten der Nuten

8 gleiche Bretter

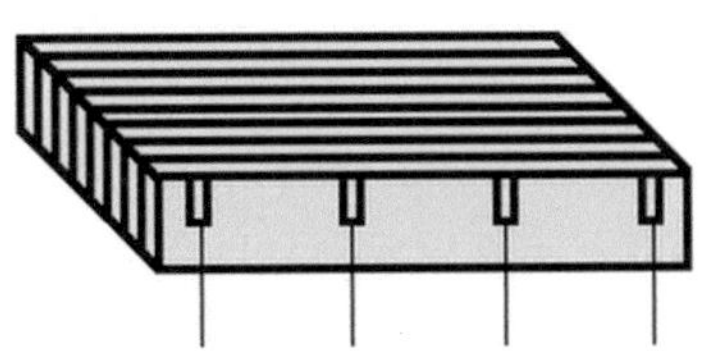

Anzeichnen gleicher Abstände für die Nuten

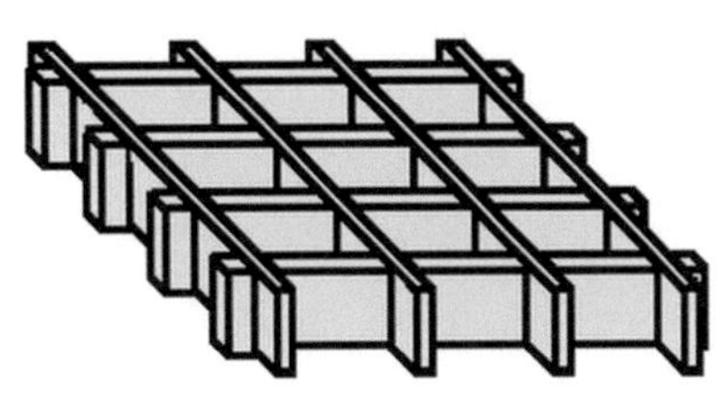

Zusammenstecken der Bretter

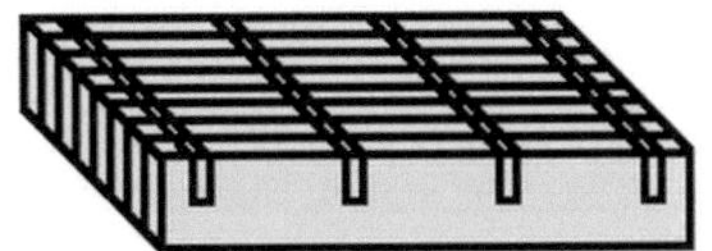

Nuten auf alle Bretter übertragen

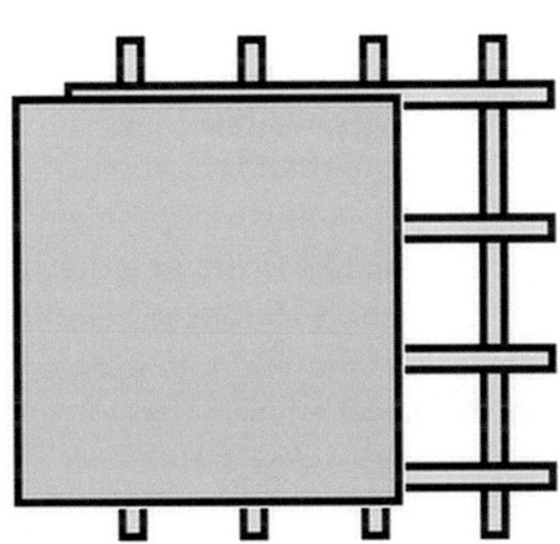

Rückseite anbringen

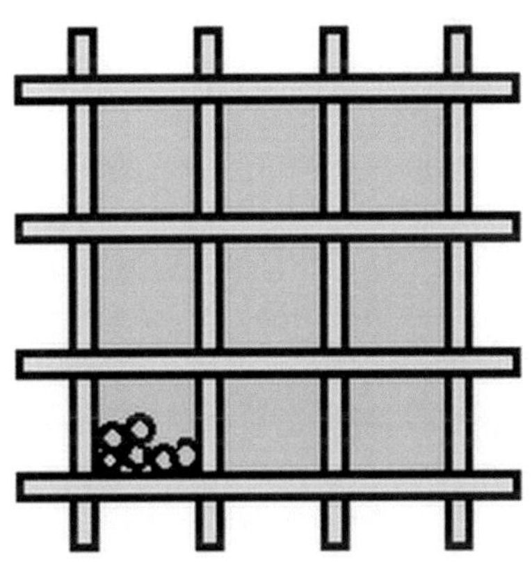

Füllen der Fächer

„Man muss ruuuhig bleiben, wenn sie aufgeregt sind"

Jörk Hipp, Jahrgang 1967, ist in die Fußstapfen seiner Ober-Gleener Vorfahren getreten. Er hält Bienen. Wir haben mit ihm übers Imkern gesprochen. Das Imker-view kann beginnen!

Jörk, einer Deiner Ururgroßväter hatte ja auch schon Bienenstöcke. Wie bist Du zum Imkern gekommen?
Ich habe kaum noch Honigbienen gesehen, im Vergleich zu meiner Kindheit. Das hat mich neugierig gemacht. Es stellte sich heraus: Es gibt keinen Imker mehr im Dorf! Also habe ich mich einfach mal zu einem Imkerkurs für Anfänger angemeldet, um mehr zu erfahren. Am Ende dieses spannenden Kurses standen dann drei Bienenvölker bei uns im Garten.

Hat die Sorte Bienen, die Du hast, auch einen Namen?
Ja, die Sorte heißt Apis mellifera carnica, man nennt sie auch Kärntner Biene.

Weißt Du, wohin Deine Bienen fliegen? Und wie viel Honig erntest Du ungefähr?
Die Damen, so nennen wir Imker die Bienen gern, fliegen in einem Radius von bis anderthalb Kilometern und am liebsten dorthin, wo die meisten Blütenpflanzen einer Art auf einem Fleck stehen. Die Ernte ist jedes Jahr anders. Ich hatte bisher Glück und 15 Kilo aus einem Volk in einem Jahr, doch auch schon 40 Kilo in einem anderen. Ich weiß aber von alten Imkern, dass es auch immer mal Jahre ohne Honigernte gibt.

Was muss man können, um Imker zu sein?
Man muss bei 20.000 Damen, die aufgeregt summen, ruuuuhig bleiben und bedächtig weitermachen können, sonst wird man zum Nadelkissen. Wenn's dann doch mal piekst, ist man meist selbst schuld, weil man eine der Damen zu fest gedrückt hat.

Wie schützt Du Dich gegen Stiche?
Ich veräpple die Damen, indem ich ihnen mit ein wenig Rauch vorgaukle, dass der Wald brennt. Sie glauben dann, sie müssten sich für eine Flucht schnell die Honigblase mit Vorrat vollschlagen. Das lenkt sie von mir ab. Wenn sie zum Beispiel durch schwüles, gewittriges Wetter mies drauf sind, erkenne ich das schon, bevor ich einen Bienenstock öffne. Sie fliegen mich schon vorher an und stupsen mich: „He, was willst du denn hier?" Dann benutze ich zusätzlich einen Schleier. So heißt der Hut mit Gardine drum herum.

Honig soll so gesund sein, außer für die Zähne. Was ist da alles drin?
Der größte Teil des Honigs besteht aus verschiedenen Zuckersorten. Der zweitgrößte Teil ist Wasser – bis zu einem Fünftel ist in Deutschland erlaubt. Dann sind da noch Blütenpollen. Dazu die Enzyme aus der Honigblase der Biene, die den Nektar in Honig umwandeln. Der kleinste Teil sind Mineralien und Vitamine.

Was macht Ihr in Eurer Familie alles mit Honig?
Er kommt auf Brot und Brötchen, in Müsliriegel, Kuchen, Weihnachtsplätzchen, in Soßen, auf Braten oder Grillgut. Zwei Teelöffel Honig in einem Liter Wasser auflösen, das schmeckt und erfrischt, wenn's draußen heiß ist! Ich mache Likör, und wenn ich Husten hab, schneide ich Zwiebeln in Scheiben und streiche dünn Honig drauf. Der Saft, der dann entsteht, lindert das Kratzen im Hals. Jetzt hab ich bestimmt noch einiges vergessen.

Kennst Du ein gutes Buch für Laien über Bienen? Auch eins für Kinder?
Na Klar! Für die ganz Kleinen: „Die kleine Biene oder: Wer mutig ist, braucht nichts zu fürchten" von Anette Moser. Für die etwas Größeren: „Ein Jahr mit den Bienen" von David Gerstmeier, Tobias Miltenberger und Hannah Götte. Und für Erwachsene: „Welche Wildbiene ist das?" von Hannes Petrischak. Denn es gibt weit mehr als die Honigbienen.

Hosde doas gewusst?

In Hessen kann man Königinnen kaufen! Zumindest in Kirchhain. Im landeseigenen Bieneninstitut wird nicht nur geforscht oder Aus- und Weiterbildung angeboten, sondern auch mit Königinnen, auch von Norderney, mit Zuchtvölkern, Honig und Wachs gehandelt. So eine Königin kostet zwischen 45 und 230 Euro, ein Zuchtvolk etwa 600 Euro. Wenn sie nicht ausverkauft sind. Zu einem Volk gehören durchschnittlich 40.000 Arbeiterinnen und ein paar Hundert Drohnen (die beim Ober-Gleener Blütenfest in den Fünfzigern von Jungs gemimt wurden). Bis sie gut zwei bis zweieinhalb Kilogramm Nektar gesammelt hat, genug für ein Pfund Honig, muss eine Honigbiene zigtausend Mal den Stock verlassen und etwa zweieinhalb Mal um die Erde fliegen. Das ist nur eine ungefähre Zahl, weil die Bedingungen sehr unterschiedlich sind.

Rore mo

Rate oder rechne mal: Wie schnell kann eine Honigbiene fliegen? A. Wenn ein Gewitter im Anzug ist, bis zu 50 Kilometer die Stunde. B. Sechs Kilometer die Stunde, so schnell wie eine flotte Spaziergängerin. C. Etwa Tempo 25, mit etwas Rückenwind. Die Antwort ist – C. Wenn 100 Bienen zusammen 10 Gramm wiegen und 5000 Eier ein Gramm und wenn ungefähr 1800 Eier so viel wiegen wie eine Königin, wie viel wiegt dann die Königin? Die Bienenkönigin, das einzige geschlechtsreife Weibchen im Bienenstock, wiegt ungefähr 0,23 Gramm. Die Weisel hat eine Lebenserwartung von vier Jahren, Arbeiterinnen werden nur neun Wochen alt. Im Mai/Juni legt die Königin ungefähr 3000 Eier und sondert Pheromone ab, Duftstoffe, die die anderen weiblichen Bienen unfruchtbar machen und den Stamm zusammenhalten. Wenn der Duftstoff fehlt, ist was los im Stock.

Von Kohlweißchen und Rosenmottchen

Das war ja mal wieder klar. Die Brüder Grimm schreiben Märchen auf, und darin können Bären und Füchse vorkommen, Tauben, Raben, Rehe, Gänse, Pferde und sogar Einhörner, aber kein einziger Kohlweißling, keine Rosenmotte und kein Tagpfauenauge.

Awwer ech sai joa aanoch doa. Jacob und Wilhelm Grimm haben mich zu sich nach Kassel eingeladen, weil sie immer noch sammeln. Märchen, Märchen, Märchen. Alles schreiben sie auf, und vergessen darüber, in den Garten zu gehen, und haben keine Zeit, den Raupen beim Fressen zuzusehen und den Schmetterlingen beim Schlüpfen. Wenigstens sind sie aufmerksame Zuhörer. *On es gedd Kaffie. On manchmo aach è Schdeggelche Kùche.*

Wenn ich ihre Bücher herausgeben würde, würden Schmetterlinge durch jedes zweite Märchen flattern, von Blüte zu Blüte, durch den Garten der Zauberin und des Riesen, um das Schloss von Dornröschen herum, durch den Wald, in dem das Schneiderlein das Einhorn fing, über die Wiesen bis zu den sieben Bergen. Zwerge sind sie selbst, Wunderwesen, Nachtgestalten, Feen mit Staub auf ihren Flügeln, farbigen Schuppen aus Chitin. Wie wäre es mit einem Schwalbenschwanz im Märchen? Einem Segelvogel? Einem Roten Feuerfalter? Einem Kleinen Bläuling? Einem Trauermantel? Einem Waldteufel? Einem Spielbrettchen? Einem Gelben Dickkopf? Einem Purpurbären? Einem Zitronenfalter? Einem Admiral? Einem Mondfleck? Einem Tagpfauenauge? Einer Aprikoseneule?

Nicht bei den Grimms. Aus meinem Kohlweißling und meiner Rosenmotte haben sie eine blonde und eine schwarzhaarige Schwester gemacht, aus meinem Purpurbären einen echten Bären, dem die beiden Mädchen begegnen. Aus den Dukatenfaltern und ihrer Goldrute sind Sterntaler und ein armes Kind geworden, das nachts im Hemd allein im Freien ist. Wenigstens ist das gut ausgegangen, wie die meisten ihrer Geschichten. Dafür sorge ich dann schon.

Als Märchenerzählerin bin ich natürlich auch eine Zeitreisende. Woher sollten sonst all diese *Schdorries* (Stories) kommen? Die Brüder Grimm ahnen, dass nicht nur Fantasie im Spiel ist, und so etwas ist Gelehrten nicht geheuer. Einmal haben sie mich gefragt: „Seid Ihr eine Hexe?“ Und ich habe gelacht und sie ein bisschen gehänselt: „Natürlich, was denkt Ihr! Am Ende habe ich auch ein Lebkuchenhaus im Wald und mäste Kinder, um sie dann in den Ofen zu schieben und zu fressen!“ Das war nicht wahr. Aber das ist noch lange kein Grund, es für ein Märchen zu halten. Den Rest der Geschichte kennt die ganze Welt.

Das Schöne an den Zeitreisen ist, dass ich Bücher lesen kann, die noch gar nicht fertig sind oder schon in Antiquariaten liegen. „Der Schmetterlingsfreund“ von Ernst Hofmann ist 1887 in Stuttgart „für die Jugend“ gedruckt worden und das sogar in Farbe! Ich habe die gemalten Bilder von Schmetterlingen und ihren Raupen sehr bewundert. Nur die Bilder von Maria Sybilla Merian haben mir noch besser gefallen. Die Frankfurter Malerin und Naturforscherin ist schon im 17. Jahrhundert mit dem Schiff in ferne Länder gereist und hat dort Insekten und Pflanzen naturgetreu gezeichnet. Genau genommen, blieb ihr nichts anderes übrig, weil sich noch keiner die Mühe gemacht hatte, Fotoapparate zu bauen. Wie gut, dass sie als Künstlerin wirklich großes Talent hatte, und sie ist schon zu ihrer Zeit sehr berühmt geworden. Ich hätte ja zu gerne ein Schmetterlingsbild von ihr. Ein Original, versteht sich.

Manchmal begegne ich auch lebendigen Schmetterlingsfreunden. Menschen wie Alfred Westenberger aus dem Taunus, der in seinem Garten sogar Schmetterlinge züchtet und dann in die Freiheit lässt. Wenn er eine Führung macht in den Weilbacher Kiesgruben oder über die Reifenberger Wiesen, mische ich mich manchmal ins Publikum und versuche, nicht aufzufallen. Den Grimms verrate ich von solchen Ausflügen nichts. Es gibt Dinge zwischen Himmel und Gartenerde, die Forscher nicht verstehen und die auch nicht im Grimmschen Wörterbuch zu finden sind.

An einem schönen Tag im Mai habe ich noch einmal versucht, einen Schmetterling in ein Grimmsches Märchen zu schmuggeln. Ich habe beim Kaffee eine Geschichte erzählt von einem Schwein, das seinem Schlachter davongelaufen war. Es traf auf ein Huhn aus einer Legebatterie. „Was ist eine Legebatterie“, riefen die Brüder wie aus einem Mund, denn sie kennen nur Hühner, die auf dem Hof herumlaufen, und haben noch nie Hennen gesehen, die zu Tausenden in einen Stall eingesperrt sind. „Ich meine einen Bauernhof“, habe ich mich schnell verbessert. „Einen Bauernhof mit einem Bauern, der gar nicht gut zu seinen Hühnern ist.“ Und dann habe ich ihnen von der Forelle erzählt, die aus einem Forellenteich ausgebrochen ist, weil sie sich nach Freiheit sehnt. Der eigentliche Held der Geschichte aber ist ein Schmetterling. In den wenigen Tagen, die ihm zum Leben bleiben, begleitet er die anderen drei auf ihrer Reise und zeigt ihnen den Weg zurück zur Natur.

„Was für ein eigenartiges Märchen“, sagte Jacob Grimm. „Das nimmt uns keiner ab“, brummte Wilhelm. „Aber es ist ein so schönes Märchen“, sagte ich und überlegte schon, welche Schmetterlingsart es werden sollte. „Daraus wird nichts“, sagte Jacob. „Wenn das Schwein nicht geschlachtet wird, gibt es keine Wurst. Die Leute essen gerne Wurst.“ „Und wenn das Huhn keine Eier legt, wer soll dann Kuchen backen“, gab Wilhelm zu bedenken. „Ganz abgesehen von der Forelle. Nach Müllerin Art mag ich sie am liebsten.“ Ich hatte das Gefühl, den beiden läuft das Wasser im Munde zusammen beim Gedanken an ihr Festmahl. „Und der Schmetterling als Freiheitsbote ist ganz albern“, sagte Jacob. „Das ist etwas für kleine Mädchen. Wir nehmen einen Esel anstelle des Schweins. Und einen Hund anstelle des Huhns. Und eine Katze anstelle des Fisches. Und anstelle des Falters einen Hahn.“

Das war das letzte Mal, dass ich den beiden ein Märchen erzählt habe. Ich habe Kassel verlassen und war viel in der Weltgeschichte unterwegs. In Albanien bin ich Menschen begegnet, die Fabeln mit Schmetterlingen fabelhaft finden. Wie die von den drei Schmetterlingen, die bei Regen Zuflucht suchen und gemeinsam weiterfliegen, wenn eine Blume nur einen von ihnen aufnehmen will. Ich kann euch sagen: Die Indianer in Nordamerika, die alten Völker in Lateinamerika und Stämme in Afrika, alle haben ihre eigenen Schmetterlingsmärchen, und in China wird seit anderthalb Jahrtausenden die Sage von den „Schmetterlingsliebenden“ (Liang Zhu) erzählt. Der

Schmetterling ist dort das Symbol für das Verliebtsein und für eine glückliche Ehe, aber auch für den Sommer, für etwas, das sich wandelt, und für ein langes Leben. Obwohl er selbst nur ein paar Tage alt wird.

Irgendwann habe ich Hans Christian Andersen in Dänemark besucht, und er hat mir eine Geschichte über einen Schmetterling geschenkt, der eine Blume heiraten will. Meine Lieblingsstelle will ich euch gerne vorlesen: „‚Leben allein genügt nicht', sagte der Schmetterling. ‚Sonnenschein, Freiheit und eine kleine Blume muss man auch haben." Ist das nicht wunderbar? Aber Andersen hat ja auch gesagt: „Das wunderbarste Märchen ist das Leben selbst." Schon ganz kleine Mädchen wissen das. *On kläine Jungge aach.*

Aber das ist noch lange nicht alles. Der deutsch-amerikanische Kinderbuchautor Eric Carle hat 1969 „Die kleine Raupe Nimmersatt" gemalt und seiner Schwester Christa gewidmet. Es ist ein Riesenerfolg geworden. Und den Freiburger Grafiker Peter Gaymann habe ich nur so zum Spaß mein Märchen von den vier Tieren träumen lassen. *Woas soll ech ouch saa?* Er ist aufgewacht, hat sich einen Kaffee gekocht und ein Gruppenbild aus dem Gedächtnis gezeichnet. Verblüffend echt! „Die Bremer Stadtmusikanten: B-Mannschaft" hat er es genannt. Die Postkarte wird in Bremen und anderswo verkauft. Und wenn sie nicht vergriffen ist, verschicke ich sie noch heute.

Saa mo

Sag mal: Was ist Dein Lieblingsmärchen? Kannst Du es auf Oberhessisch erzählen? Warst Du schon mal in den Grimmwelten in Kassel, im Märchenhaus in Alsfeld oder im Brüder-Grimm-Haus in Steinau an der Straße, in Grimms-Märchen-Reich in Hanau – der Stadt, an der die Märchenstraße beginnt, die in Bremen endet? Welche Schmetterlinge und Falter kennst Du? Kannst Du sie beschreiben? Weißt Du sogar, wie ihre Raupen aussehen? Hast Du Lust, einen Schmetterling oder eine Raupe in dieses Buch zu malen? Welche Pflanzen ziehen Schmetterlinge an? Vieles kann man in Büchern nachlesen und nachschauen, auch im Internet gibt es Seiten für Schmetterlingsfreunde. Man kann aber auch Naturschützerinnen und Naturschützer fragen, ein Umweltbildungszentrum besuchen oder eine Wanderung mitmachen.

In Herchenhain im Vogelsberg, in Kirtorf oder in den Weilbacher Kiesgruben – und an vielen anderen Orten.

Hosde doas gewossd?

Hast Du gewusst, wie man Schmetterling übersetzen kann? In der Ober-Gleener Mundart ist es der *Schmedderling* (auch: *Schmerrerling*) in Kassel der Lattichvogel, zwischen Fulda und Werra der Buttervogel, im Kreis Hildesheim der Bottervugel, im Calenberger Land bei Hannover und in der Wesermarsch der Bottervagel. In Ostfriesland sind es Botterflögel, Finnerke, Fielapper, Bottelikker oder auch Fiedelapje, im Rheiderland Schohlapper, in Schleswig-Holstein Sommervagel, am Niederrhein sagen die Leute Sommervogel, Fippmoppen (Mehrzahl) oder Pannevogel, weil sich Pfauenaugen und andere Tagfalter gerne auf Dachpfannen setzen. Der Nachtfalterkenner Axel Steiner nennt im Lepiforum Begriffe wie Rahmdieb, Schmanddieb, Schmandling, Molkendieb, Molkehengscht (badischer Odenwald, für größere Nachtfalter), Marmotten (Mehrzahl, Aachen), Kätelböte (Rügen, meint: Kesselheizer), Kalitte (Mark Brandenburg, Berlin), Kielitt (Havelland), Flerrmeis (Mehrzahl, Pfalz, übersetzt: Flattermäuse), Pfiffholder (Elsass) und das mindestens 800 Jahre alte Wort phiffholtir. In anderen Sprachen heißt der Schmetterling zum Beispiel papilio (lateinisch). Oder papillon (französisch). Butterfly (englisch). Pimpampel (luxemburgisch). Mariposa (spanisch). Perhonen (finnisch). Flutur (albanisch), Kelebek (türkisch), Labalaba (Yoruba), Urukurukuba (Igbo). Kupu (javanisch). Kupu-kupu (indonesisch). Kapalak (usbekisch). Motýl (polnisch). Pulelehua (hawaiianisch). Vlinder (niederländisch). Farfalla (italienisch).

Rore mo

Rate mal: Haben Schmetterlinge im Bauch nur etwas mit Liebe zu tun? Können Schmetterlinge fliegen? Sind Schmetterlinge gefährlich? Nein, ja und jain. Die Italiener haben eine Nudelform nach dem Schmetterling benannt und der Schwimmsport einen Schwimmstil. Die Chaosforscher haben ihren Schmetterlingseffekt, einen Effekt der nichtlinearen Dynamik, der darin besteht, dass eine kleine Veränderung ungeahnte Folgen haben kann. Der Mathematiker, Wetter- und Chaosforscher Edward Norton Lorenz (1917-2008) fragte: „Kann der Flügelschlag eines Schmetterlings in Brasilien einen Tornado in Texas auslösen?“ Der Mariposa ist einigen von uns Kindern der Sechziger später im Deutschunterricht begegnet, in einem Freiheitsdrama von Friedrich Schiller: als Marquis de Posa in „Don Carlos“.

Schmetterlinge zum Ausmalen

und Angucken.

Mai Bobb

Mai Bobb, die harrenn Bob,
so hiss merr haald die Hoarn,
wann se è bess-che rond
on koazz geschnerre woarn.

Dädsdese selwer schnaire,
dann noomsde dech ean Oachd.
Dè Bobb ihr Hoarn, die woasse
nit nooch, aach nit die Noachd!

Mai Hoarn, doas woarn gaans koazze,
dè Nochberr kreeg è Bier
im mech dann rauszèboddse,
dois, fier dè Sauschdallsdier.

Mai Bobb, die harrenn Bob,
on ech hadd käi Frisur.
On därech lammediern,
hirrd zu die Bobb joa nur.

Meine Puppe

Meine Puppe, die hatte nen Bob,
so nannte man halt die Haare,
wenn sie ein bisschen rund
und kurz geschnitten warn.

Hast du sie selbst geschnitten,
dann nahmst du dich in Acht.
Die Haare der Puppe, sie wachsen
nicht nach, auch nicht über Nacht.

Meine Haare, das waren ganz kurze.
Der Nachbar bekam ein Bier,
um mich dann rauszuputzen,
draußen, vor der Saustallstür.

Meine Puppe, die hatte einen Bob,
und ich (hatte) keine Frisur.
Und wenn ich lamentierte,
hört zu die Puppe nur.

Saa mo

Hast Du Dir immer Deine Frisur selbst aussuchen dürfen? Welche hat Dir am besten gefallen? Und für welche schämst Du Dich nachträglich? Kannst Du auf alten Fotos an den Frisuren erkennen, in welchem Jahrzehnt sie aufgenommen sind? Was war Deine Lieblingspuppe, Dein Lieblingsteddy oder Dein Plüschtier, das überallhin mitmusste? Hast Du dieses Spielzeug noch? Oder ein Foto davon?

Hosde doas gewossd?

Ruth Stern aus Nieder-Ohmen (mehr über Ruth in ihrem Buch „Zufällig Amerikanerin"), Ruth Stern aus Diez an der Lahn und Addi Sondheim (*Heasche*) aus Ober-Gleen trugen als Mädchen einen Bob. Das ist auf Fotos aus den Dreißigern zu sehen und war modern. Die meisten anderen Mädchen trugen Zöpfe. Ruth aus Diez war öfter bei ihren Großeltern, den Lamms (Lesemanns), in Ober-Gleen, aber auch bei ihrer

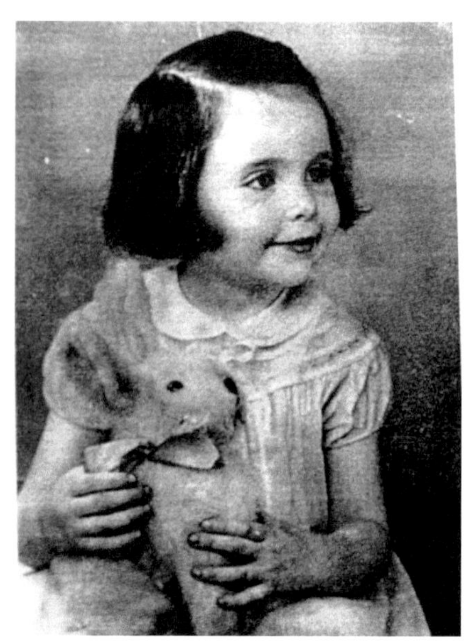

Tante Rosa, ihrem Onkel Salli Weinberg und ihrem Cousin Arthur in Lauterbach. Beide Ruths haben ihre Kindheitserinnerungen aufgeschrieben. Die deutschen Übersetzungen sind leicht zu lesen. Wenn Familien fliehen mussten wie die jüdischen Familien Stern und Sondheim, wenn Juden, Sinti und Roma ins KZ kamen, durften die Kinder selten Spielzeug mitnehmen. Auch die Söhne und Töchter der Vertriebenen aus Ostpreußen oder dem Sudetenland mussten Abschied nehmen von geliebten Menschen, Orten und Dingen. In der heutigen Zeit haben laut Unicef fast 50 Millionen Kinder und Jugendliche ihre Heimat verloren. Menschen versuchen, dem Hungertod, dem Verdursten, dem Elend, Terrorregimen oder Kriegen zu entkommen. Kinder fliehen mit ihren Eltern aus Syrien oder Afghanistan und landen in Lagern wie Moria oder ertrinken im Mittelmeer. Beate Stern (Bea Karp) aus Lauterbach, die gemeinsam mit ihrer Schwester Susi in Frankreich den Holocaust überlebt hat, schildert in ihrem Buch „My broken doll" ihr Schicksal. Und in Diez blieb die Puppe Renate zurück, der Tante Rosa einen Bob geschnitten hatte, damit sie genauso hübsch frisiert war wie ihre Nichte Ruth.

Kinder kehren gut

„Kiehr mol die Goss!“ Wie oft haben wir Kinder diesen Satz gehört? Immer wieder samstags. *Dè Sonnowed*. Jeden Samstag wurde die *Gass gekohrd*. Und auch gleich die *Goss*, die Gosse, den *Gosseschdäi*, den Rinnstein. In den Siebzigern gab es noch viele Bauernhöfe auf dem Land, und die Woche über fuhren ständig Traktoren mit Anhängern durchs Dorf, beladen mit Futter vom Feld für die Tiere oder mit Mist. Auf der Fahrt zum Acker oder zurück nach Hause landete ziemlich viel davon auf der Straße oder auf dem Bürgersteig, dem *Droddwaa*. Und deshalb wurde am Samstagnachmittag die Straße gekehrt. Dann blieb die Straße vorm Haus einen ganzen Tag lang sauber. Am heiligen Sonntag war es verpönt, mit dem Traktor durchs Dorf zu fahren.

Sabine erzählt: „Diese Arbeit hab ich schon als Kind gemacht, auch später noch. So lange, bis ich ausgezogen bin. Als Kind hab ich auch regelmäßig freitags nach der Schule unser Haus (*Endesche*) geputzt, *Riehrkùche gebagge* und das Melkgeschirr zurechtgemacht. Samstags nach der Schule habe ich bei *(Gondesch) Frieda*, meiner Oma mütterlicherseits, das Haus geputzt.“

Saa moo

In unserem Ober-Gleener Zeitzeugenprojekt haben heutige Großeltern und Urgroßeltern erzählt, was sie als Kinder tun mussten (*„Naut wie Ärwed“* und *„Himmel un Höll“*, O-Ton-CDs). Wer im Ersten Weltkrieg oder kurz danach auf dem Land aufwuchs, musste als Kind auf dem Hof mitarbeiten. Lina Scheld (später: *Pauls* Lina), ihre Schwester und ihre beiden Brüder hatten ihren Vater im Krieg verloren, also musste Lina als billige Hilfskraft bei einem Großbauern arbeiten. So hart war es in den Sechzigern und Siebzigern nicht mehr für Kinder in Oberhessen. Einige von uns aber hatten mehr Pflichten als andere. Sabine hat zum Beispiel auch oft beim Melken geholfen und bei der Ernte, *Suse* Heike erzählt auf einer unserer CDs, was sie alles machen musste. Sag mal: Welche Aufgaben hast Du als Kind oft übernommen? Hat das Spaß gemacht? Gab es Arbeiten, die nur Jungs oder nur Mädchen gemacht haben? Habt Ihr etwas dafür bekommen? Wo ist Kinderarbeit heute auf dieser Welt noch üblich? Weißt Du, was das Lieferkettengesetz damit zu tun hat?

Off Owwerhessisch

Nicht verwechseln: *Keand* (Kind). *Keann* (Kinder), *kiehrn* (kehren), *kenn* (können, aber auch kennen). *Kinn* (Kinn), *Konne* (Kerle), *Kann* (Kanne). *Kennsde die Keann, die doa offem Droddwaa schdieh?* Bei *Pauls* war der *Gosseschdäi* auch ein stabileres Waschbecken im Hausflur, in der Nähe der Hintertür (*Hennerdier*). An dessen Hahn wurden Putzeimer gefüllt, dort kippte man das Wasser aus, nachdem man die Kartoffeln gewaschen hatte. *Wuhean dèmed? Ai, schedd's ean (dè) Gosseschdäi!* Wohin damit? Ach, schütt's in das Waschbecken fürs Grobe! Die Wochentage: *Mundoag, Deansdoag. Meddwoch. Donnerschdoag. Fräidoag. Sonnowed. Sonndoag.* Aus welcher Sprache stammt das Wort *Droddwaa*? Aus dem Französischen, wie einige andere Worte aus dem oberhessischen Dialekt. Das Original ist Trottoir. Und was sind die französischen Vorbilder von *Schees* (Auto), *Schesslong* (eine Art Sofa). *Schossee. Balgong*? Chaise. Chaise longue. Chaussée. Balcon.

Hosde doas gewossd?

Hast Du das gewusst? Oberhessische Kinder wurden in früheren Zeiten als Straßenkinder zum Betteln und Fliegenwedelverkaufen in die Großstädte geschickt, sogar bis nach St. Petersburg. Arme Oberhessen sind im 19. Jahrhundert nach Paris gezogen, um la chaussée, le trottoir oder la rue zu fegen. Ganze Familien suchten dort Arbeit. Während die Eltern die Straßen von Paris kehrten, waren die Kinder allein. Wenn sie Glück hatten, durften sie eine der Schulen besuchen, die Pastor Bodelschwingh für die Kinder armer deutscher Straßenkehrer, Fabrikarbeiter und Lumpensammler gegründet hatte. Und wenn diese Familien irgendwann in ihr oberhessisches Dorf zurückkamen, nannte man sie Pariser („*Himmel un Höll*“).

Es Schwälbche

Es Schwälbche eas voo Afrigga,
doas dudd ins nur besiche.
Ai, plaib donnoch è bess-che doa,
's gedd Kùche ean dè Keche!
Es Schwälbche will menn Kùche nit,
es Schwälbche, doas fressd Flieje.
Dann nomm mai Dreem,
mai Winsche med!
Hoff, desse dech nit krieje!
Ech schberr dech
ean kenn Keefich nit,
doch leass dech ongeann zieje!
Es Schwälbche eas voo Afrigga,
es kimmd ins nur besiche.
On eas dè Friehling endlich doa,
duh merrsch om Hemmel siche!

Das Schwälbchen

Das Schwälbchen ist aus Afrika,
es besucht uns nur.
Ach, bleib doch noch ein bisschen da,
es gibt Kuchen in den Küchen!
Das Schwälbchen will meinen Kuchen nicht,
das Schwälbchen, das frisst Fliegen.
Dann nimm meine Träume, meine Wünsche mit!
Hoff, dass sie dich nicht kriegen!
Ich sperr dich in keinen Käfig ein,
doch lass dich ungern ziehen!
Das Schwälbchen ist aus Afrika,
es kommt uns nur besuchen.
Und ist der Frühling endlich da,
werden wir's am Himmel suchen.

Off Owwerhessisch

Die Jahreszeiten: *Friehjoahr, Sommer, Herbsd on Weander. Äi Schwalb mächd noch kenn Sommer.* Eine Schwalbe macht noch keinen Sommer. *Awwer käi Schwalb mächd aanoch laangk kenn Weander.* Aber keine Schwalbe macht auch noch lange keinen Winter.

Hosde doas gewossd?

Hast Du das gewusst? Die Schwalbe ist eigentlich ein afrikanischer Vogel, kein europäischer. Nachzulesen ist das in dem Buch „Über die Schwalbe“ von Stephen Moss. In Oberhessen hat die Schwalbe ab Anfang Mai bis zum Spätsommer eine zweite Heimat und in zwei Liedern im Ober-Gleeneer Dialekt: „*Wann ech è Schwälbche wier*“ und „*Wealdgäns rausche dorch die Noachd*“ (Lieder-CD „*Läurer Lirrer*“). Das zweite ist ein Antikriegslied mit doppelter Bedeutung, denn Zugvögel sind vielen Gefahren ausgesetzt. Für den Schutz der Schwalben und anderer bedrohter Vogelarten engagiert sich heute in Oberhessen unter anderem der Naturschutzbund (Nabu). Der Verein „Homberger Schlosspatrioten“, der sich um das Schloss in Homberg/Ohm kümmert, ein Café betreibt und Veranstaltungen anbietet, ist 2018 vom Nabu ausgezeichnet worden, weil seine Mitglieder Nistplätze für Mauersegler, Rauch- und Mehlschwalben im Schloss geschaffen und auch gleich etwas für Fledermäuse getan haben. Privatleute können Nisthilfen in Scheunen, an ihren Häusern oder an Bäumen in ihren Gärten anbringen – und sollten sich vorher beraten lassen.

Enn Schdall voll Vieh

(Rock around the Clock)

Äi Kuh, zwä Kieh, drai Kieh, è Mogg,
vicher Kieh, finnef Kieh, seggs Kieh, è Mogg,
sewwe Kieh, oachd Kieh, noi Kieh, è Mogg,
mir huh noi Kieh, drai Mogg, enn Schdall voll Vieh!
Off insemm Bauernhoop eam Doaf
huh mir aach Hinggel, Goil on Schoaf.
On Bie, enn Esel, è schwoazz Kadds,
enn Hond, der goidsd on mächd Rabadds,
on inser Giggel, der kräischd Giggrigieh!
Gigg, gigg, giggrigieh, gigg gigg, giggrigieh,
gigg, gigg, giggrigieh, mir huh enn Schdall voll Vieh!

Ein Stall voll(er) Vieh

Eine Kuh, zwei Küh', drei Küh', ein Mutterschwein,
vier Küh', fünf Küh', sechs Küh', ein Mutterschwein,
sieben Küh', acht Küh', neun Küh', ein Mutterschwein,
wir haben neun Küh', drei Sau'n, einen Stall voller Vieh!
Auf unserem Bauernhof im Dorf
ham wir auch Hühner, Pferde und Schaf'.
Und Bienen, nen Esel, eine Katz,
nen Hund, der bellt und macht Rabatz,
nen Hahn, der schreit Kikeriki!
Kiki, kikeriki, kiki, kikeriki, kiki, kikeriki,
kiki, kikeriki, wir ham nen Stall voll Vieh!

Off Owwerhessisch

Zählwörter bis 10**:** *äi* (weiblich, männlich: enn, sächlich: è), *zwu* (weiblich, männlich: *zwie*, sächlich: *zwä*), *drai, vicher, finnef, seggs, sewwe, oachd, noi, zeh*. Und es gibt Ausnahmen: Die Kuh wurde häufig sächlich gezählt: *zwä Kieh. Es kenn zwu oder zwä Dasse offem Desch schdieh. Es läijè zwä oder zwie Läffel denewer.* Bei Tassen, die auf dem Tisch stehen können, und Löffel, die daneben legen, kann es sich um weibliche oder männliche Tassen und um männliche oder sächliche Löffel handeln. Die Sau ist im Dialekt Einzahl und Mehrzahl, wobei dann in der Mehrzahl eher von *Wuddse* die Rede ist. Unbestimmte Artikel: Eine – è. Einer – *enn*. Ein – è. Ähnliche Wörter**:** *Giggel* (Hahn) und *giggenn* (herumstochern). Das Verb „haben“: *Huh. Ech huh, du hosd, heh/sie/es hodd, mir huh, ihr hodd, die huh.* Wer *hawwe* sagt, spricht schon beinahe Hochdeutsch. Das Verb „tun“: *Duh. Ech duh, du dussd, heh/sie/es dudd, mir duh, ihr dudd, die duh.* Maßeinheiten: *Enn Schdall voll Vieh* – ein Stall voll(er) Tiere, viele Tiere. *Enn Sagg voll Megge* – ein Sack voll(er) Mücken, viele Mücken. *Enn Oasch voll Scholde* – einen Arsch voll Schulden, hohe Schulden. *Enn Waawel Frichd* – ein Wagen voll Getreide, viel Getreide. *E Haffel Mähl* – eine Hand voll Mehl, etwas Mehl. *Enn Muffel Kùche* – ein Mund voll Kuchen, ein bisschen Kuchen.

Rore mo

Rate mal: Die Hauptfiguren aus welchem Märchen sind in dem Lied versteckt? Und wer sind die vier? *On wer sai die vicher?* Nicht verwechseln: *vicher* (vier), *Viecher* wie im Hochdeutschen.

Hosde doas gewossd?

Hast Du das gewusst? In Lehrbach, einem Stadtteil von Kirtorf, haben sogar Kühe und Ochsen Unterricht: bei *Kallwillem* (Karl Wilhelm) Becker. In Karlis Kuhschule lernt Rotes Höhenvieh *(ruure Kieh)*, unterm Joch zu gehen und einen Wagen oder einen Pflug zu ziehen, wie früher, als Landwirte noch keinen Traktor hatten. Und wer wissen will, wie historische Trecker aussehen, ist im Museum der Oldtimer-Freunde Ohmtal in Dannenrod richtig.

Dè Hond

Von Melanie Peter, übersetzt von Manfred Peter

Stell der fier, äch hu en Hond.
He eas mer zugelaafe haud Nôcht.
Mied easser, schu äller, ôwwer gesond.
Äch hu em die Dier offgemôcht.

He eas mer zugelaafe haud Nôcht.
Stan dou un hod sich nit bewägt.
Äch hu em die Dier offgemôcht.
Do koome rean, hod naud gesähd...

Stan dou un hod sich nit bewägt.
He hod sänn Korb metgebroocht.
Dou koomerean, hod naud gesähd.
„De Korb bläibt dôis", hu äch gedoocht.
He hod sänn Korb metgebroocht.
De Hond gitt nean on lägt sich hin.
„De Korb blebt dôis", hu äch gedoocht.
Un äch? Äch läg mich näweren.

De Hond gitt nin un lägt sich hin.
Denkste, äch sollen beimer lesse?
On äch? Äch läg mich näweren.
Äch hu en off die Mest gelesse.

Denkste, äch sollen beimer lesse?
Stell der fier, äch hu en Hond.
Äch huen off die Mest gelesse.
Mied easser, schu äller, ôwwer gesond

Eas dôs villäicht mein „Wuzzeehond"?
Moje kääf äch em woas se freasse.

Der Hund

Ein Hund ist heute Nacht mir zugelaufen.
Der Hund, er wirkte alt und müde.
Erst hört' ich nur sein lautes Schnaufen.
Ich denke mir, es ist ein Rüde.

Der Hund, er wirkte alt und müde.
Sein Körbchen hatte er selbst mitgebracht.
Ich denke mir, es ist ein Rüde.
Da habe ich die Tür ihm aufgemacht.
Sein Körbchen hatte er selbst mitgebracht.
Erst stand er da und hat sich nicht bewegt.
Da habe ich die Tür ihm aufgemacht.
Der Hund ging rein und hat sich hingelegt.

Erst stand er da und hat sich nicht bewegt.
Sein alter Korb blieb draußen stehn.
Der Hund ging rein und hat sich hingelegt.
Muss ich jetzt mit ihm Gassi gehn?

Sein alter Korb blieb draußen stehn.
Ich habe mich dann neben ihn gelegt.
Muss ich jetzt mit ihm Gassi gehn?
Wir beide haben uns nicht mehr bewegt.

Ich habe mich dann neben ihn gelegt.
Erst hört' ich nur sein lautes Schnaufen.
Wir beide haben uns nicht mehr bewegt.
Ein Hund ist heute Nacht mir zugelaufen.

Ist das vielleicht mein Schweinehund?
Morgen werd ich ihm Futter kaufen.

Saa moo

Sag mal: Hast Du bemerkt, dass die Schreibweise etwas anders ist als bei den anderen Texten? *Pochdersch* Manfred stammt auch aus Ober-Gleen und spricht seit seiner Kindheit Dialekt. Er hat seine eigene Art, *Owengliejer Pladd* aufzuschreiben, und alles ist erlaubt. Hör Dir an, wie es klingt, wenn er den Text liest. Und dann die hochdeutsche Version, von seiner Tochter Melanie gesprochen. Oder umgekehrt. Schau Dir unbedingt auch die beiden Filme an, die sie daraus gemacht hat. So etwas wird Stop Motion genannt. Ist Dir aufgefallen, worin sich die beiden Texte unterscheiden?

Off Owwerhessisch

Im Oberhessischen gibt es kein Wort für Schweinehund. Melanie und Manfred haben ein eigenes erfunden. Ein *Sauhond* wäre, wie im Hochdeutschen, ein Schimpfwort gewesen. Und das bleibt draußen! Wie das Körbchen.

Mach dè Hond bond! Mach den Hund bunt!

Fotos erzählen Geschichten

Steht ein Hahn in der Saubach... und ein Ober-Gleener Kind hat auf den Auslöser gedrückt. Der Junge hat im Grundschulalter eine Kamera bekommen und war damit auf dem Hof seiner Familie, auf den Wiesen und Feldern unterwegs. Er hat Pferde auf der Koppel fotografiert, eine Kuh mit Kälbchen auf einer Weide, eine Kaninchenmutter mit ihren Jungen beim Mümmeln im Stall und ein Huhn, das sich die Welt von einem Kürbis aus betrachtet.

Heute wird sehr viel fotografiert. Früher war das anders. Gute Kameras waren teuer. In unserer Kindheit waren Kleinbildkameras verbreitet, aber auch Ritschratschklick, eine längliche Pocketkamera, die in die Jackentasche passte. Spiegelreflexkameras mit wechselbaren Objektiven waren etwas für Leute mit Ambitionen. Ältere Kameras hatten noch Blitzwürfel, die oben auf das Gehäuse gesteckt und nach jedem Blitz um 90 Grad weitergedreht wurden. Du musstest eine Kassette oder eine Kleinbildfilmpatrone einlegen, um Bilder machen zu können. Und nicht etwa Tausende, die problemlos auf eine SD-Karte passen, sondern zwölf, vierundzwanzig oder sechsunddreißig. Und dann war Schluss. Also hast du dir genau überlegt, was du fotografieren wolltest. Und was daraus geworden war, hast du erst gesehen, wenn der Film entwickelt war und du die Abzüge abgeholt hast. Es sei denn, deine Familie hatte schon eine Sofortbildkamera, eine von denen, die heute schon wieder Kult sind.

Wir haben unsere Bilder in Fotoalben geklebt, zu unseren Babybildern und den Fotos unserer ersten Geburtstage. Sind wir das wirklich, mit den Luftballons vor der Hecke? Und stimmen die Farben noch? Vieles hast du anders in Erinnerung. Und Bilder können dein Gedächtnis auffrischen. Oder dich in eine andere Zeit zurückschicken, in eine Zeit, in der das Handy noch nicht erfunden war und in der niemand gedacht hätte, dass Menschen irgendwann mit Telefonen fotografieren.

Auch Ernst Peter, Mäuresch Ernst, hat ein Album hinterlassen. Als Jugendlicher hat er in Ober-Gleen Verwandte fotografiert, Freundinnen und Freunde, aber auch die Arbeiter, die Ende der Dreißigerjahre den

Sandberg abgetragen haben, damit die Autobahn bei Romrod gebaut werden konnte. Die Lokomotive, die die Loren mit dem Land gezogen hat. Und Zeppeline bei Heidelberg. Solche Fotos nennt man heute historisch. Und wenn du weißt, wer sie gemacht hat und wer oder was darauf zu sehen ist, dann erzählen sie dir Geschichten.

Im Museum der Stadt Kirtorf, das es in unserer Kindheit noch nicht gab, sind Fotos des Kirtorfer Fotografen Georg Wiegand Fauldrath (1869-1952) ausgestellt: Unsere Urahnen waren in seinem Atelier, aber auch Kriegsgefangene im Ersten Weltkrieg. Der Arnshainer Hobbyfotograf und Archivar Walter Dickhaut, der Ober- Gleener und Alsfelder Lehrer Heinrich Dittmar (1934-2014), der Alsfelder Journalist Karl Brodhäcker (1919-2013), der Alsfelder Fotograf Bodo Runte (1948-2021), die Gießener Architektin Thea Altaras (1924-2004), der Grünberger Apotheker Peter Dürolf (1942-2021) und seine Tochter Judith Dürolf: Alle haben mit der Kamera etwas festgehalten, das eine Bedeutung für sie selbst oder für andere Menschen hatte. Fachwerkhäuser, Brunnen und Kirchen, Feldscheunen, Taubenschläge und Gefrierhäuser, die Kirmes, Synagogen und Mikwen, die die Nazizeit überstanden hatten, Hochzeiten, Festumzüge... Und sehr viel Natur. Auch Wälder, die dem Borkenkäfer, der Hitze und der Trockenheit oder Stürmen zum Opfer fallen. Und Wälder, die Autobahnen weichen mussten, wie in Dannenrod und Maulbach für die A49. Judith Dürolf, Christa Seim („Der Geist des Widerstandes (...) lebt weiter") aus Maulbach, der Fotojournalist Björn Kietzmann („Kein Baum ist egal") und andere haben auch den Protest dokumentiert.

In vielen Familien gibt es Fotoalben, die du nur aufschlagen musst, um eine Zeitreise zu machen. Wie waren wir Kinder in den Siebzigern frisiert? Wie haben wir uns angezogen? Wohin sind unsere Eltern mit uns in Urlaub gefahren? Wie haben wir Geburtstag gefeiert? Waren wir auch mal im Schwimmbad? Haben wir Fußball oder Gummitwist gespielt? Hatten wir ein Fahrrad mit Bananensattel, Rollschuhe, einen tragbaren Kassettenrekorder, eine schwarzweiße Katze, eine Frisbeescheibe? Haben wir Spaß gehabt? Fotos verraten uns vieles über eine Zeit. Aber nicht, wie sie sich angefühlt, wie sie gerochen und geschmeckt hat. Und welche Geräusche sie gemacht hat, abgesehen von der Musik.

Wie wär's hier mit einem eigenen Foto?

Hosde doas gewossd?

Auch als die Fotografie längst erfunden war, haben oberhessische Künstlerinnen und Künstler Menschen und ihren Alltag abgebildet. Und einiges andere mehr. In der ehemaligen Malerkolonie Willingshausen in der Schwalm sind im Gerhard-von-Reutern-Haus, Merzhäuser Straße 1, Gemälde dieses Malers und einiger anderer Künstler ausgestellt, unter anderem von Carl Bantzer und Ludwig Emil Grimm. Im Pfarrhaus in der Lohgasse in Groß-Eichen sind Gemälde des aus diesem Dorf stammenden Künstlers Ernst Eimer (1881-1960) zu sehen, der Alltägliches, Landschaft, aber auch Tiere, Zwerge und andere Märchenwesen gemalt und Gedichte geschrieben hat. Ruth Neeb, die Tochter von Heimatforscher Otto Christ, hat die Ernst-Eimer-Stube mit aufgebaut, eine Website anlegen lassen und ein Buch über ihn geschrieben. Der Kunst- und Kulturverein der Ernst Eimer Freunde organisiert Ausstellungen. Bernhard Wald (Faldon), *Walde Bernadd* aus Ober-Gleen, Jahrgang 1959, hat in Berlin eine große Anzahl von Portraits gemalt und mehrfach ausgestellt, zuletzt unter anderem in der alten Synagoge in Romrod und in der „Galerie im Kuhstall" des inzwischen verstorbenen Galeristen, langjährigen Hotelmanagers und Heimatforschers Ernst A. Bloemers in Ober-Gleen. Dutzende Faldon-Bilder sind im Liederband „Mir" und in dem Buch „08/18. Ein hessischer Beitrag zur Rettung der Welt" von Monika Felsing abgebildet, einige verschollen. Britta Jakobi aus Kirtorf (siehe „Mein Papa, *Braurods* Herbert"), hat ihr Atelier heute in Alsfeld und kann auf Ausstellungen im In- und Ausland verweisen. Und auch *Pochdersch* Melanie („*Dè Hond*"), die Tochter von Manfred Peter aus Ober-Gleen, hat sich der Kunst verschrieben.

Saa mo

Machst Du auch Fotos? Und hast Du noch Alben? Weißt Du, was auf Deinen Fotos zu sehen ist? Schreibst Du Namen oder Orte oder Jahreszahlen auf die Rückseite von Papierabzügen? Archivierst Du Abzüge, Dias oder digitale Bilder, damit sie der Nachwelt erhalten bleiben? Weißt Du, dass staatliche Archive und Heimatvereine auch private Fotos, Briefe und andere Dokumente annehmen und aufbewahren, weil sie viel über eine Zeit aussagen? Welches Kindheitsbild ist Dein Lieblingsfoto – und warum? *On worim?*

Was war was und wozu?

Fotorätsel mit Bildern von Peter Dürolf

Ob sie nun ausgedient haben oder wie in unserer Kindheit noch in Betrieb sind: Die Gebäude auf diesen Seiten haben etwas gemeinsam. Die Häuschen und Türme haben meist mehreren Familien gehört, den Menschen aus einer Straße oder sogar allen im Dorf. Auf dem Land war nicht nur die Gemeinde oder die Kreisverwaltung oder die Regierung für den Fortschritt zuständig. Die Leute nahmen einiges auch selbst in die Hand. Immer wieder haben sie Gemeinschaften gebildet, um etwas zu bauen. Aber auch, um größere Mengen von Heizöl oder Saatgut zu einem günstigeren Einzelpreis einzukaufen, um Milch gemeinsam zu vermarkten oder um als Maschinenring landwirtschaftliche Fahrzeuge anzuschaffen. Die Idee, sich mit anderen zusammenzutun, um gemeinsam mehr zu erreichen, ist fast so alt wie die Menschheit. Und eines der 17 Ziele des Weltzukunftsvertrages.

R (2)

In vielen oberhessischen Dörfern und Städten stehen sie noch, diese kleineren oder größeren Gebäude, die früher einen wichtigen Zweck erfüllt haben, vielleicht auch heute noch erfüllen und auf ihre Weise etwas über die Sechziger und Siebziger erzählen. Meistens fehlt ein Schild, und es ist niemand *off dè Gass*, den man fragen könnte. Und wenn Du nicht weißt, was Du siehst, was siehst Du dann? Steine. Metall. Farbe. Holz. Ton. Porzellan. Peter Dürolf, der aus Homberg stammte, ist kreuz und quer durch Oberhessen gefahren, um Fotos zu machen. Wir haben sechs aus seinem großen Nachlass ausgewählt und geben Dir ein paar Hinweise darauf, was sie zeigen könnten. Welcher Spruch passt zu welchem Bild?

R (1)

R (2) Eine Sauna? Ganz kalt!
È Sauna? Gaans kaald!

R (1) Wir nehmen es auch bei großen Tieren ganz genau.
Mir nomme's aach bai dè gruuse Viecher gaans genau.

E (1)

E (1) Gehst du in dieses Haus, vergiss den Schieber nicht!

Gissde ean doas Haus, vergeass dè Schiewer nit!

G. Auch das Wandeln ist des Müllers Lust.
Aach es Wanneln easemm Meller sai Lusd.

G

O. Nicht die Praxis von Frau Doktor.
Nit die Praggsis voo dè Doggderrn.

E (2) Ohne sie läuft nichts.
Uhne die lääfd naut.

Weil zwei E und zwei R im Lösungswort enthalten sind, haben wir beispielsweise E (1) genannt, was als erstes E an der Reihe ist. Und R (2), was als zweites R kommt. Ordne die Buchstaben oder ordne die Bilder einem Hinweis zu, schon hast Du das Lösungwort. Und selbst wenn Du es *gerore* haben solltest, liegst Du richtig. Gut geraten! Du brauchst Hilfe? Dann lies die Anfangsbuchstaben in der Reihenfolge der Bilderklärungen.

O

G. Auch das Wandeln ist des Müllers Lust.
Man kann auch Transformatorenturm sagen. Im Volksmund sind es „Lichthäuschen“. Als das ländliche Hessen in den frühen Zwanzigerjahren des 20. Jahrhunderts unter Strom gesetzt wurde, wurden Transformatoren gebraucht, um die 20.000 Volt von Überlandleitungen in 220 oder 380 Volt umzuwandeln. Ehrenamtliche engagieren sich heute für den Erhalt dieser Industriedenkmäler. Das Foto von Peter Dürolf zeigt die Station an der Brücker Mühle an der Ohm östlich der Amöneburg, die samt Mühlenmuseum („Vom Korn zum Brot“), Naturkostladen, Picknickkorbverleih und Gastronomie zur Route der Arbeits- und Industriekultur Marburg-Biedenkopf gehört. Die Trafostation in Ruhlkirchen in der Gemeinde Antrifttal ist in ein Vogelhotel umgewandelt worden, andere werden zu 4,8 Quadratmeter großen Kleinmuseen oder Galerien. In Lauterbach werden heute noch Lichthäuschen gebaut – oder besser gebrannt. Das sind dann Häuschen ohne Strom, mit Teelicht. Hergestellt in der Töpferei Bauer, gegründet vor mehr als 400 Jahren und damit eine der ältesten Töpfereien in Deutschland.

E (2)

E (1). Gehst du in dieses Haus, vergiss den Schieber nicht!

Manches Dorf hatte mehr als eins, und es war meist in Frauenhand. Es wurde ausgelost (Backspiel), in welcher Reihenfolge im Backhaus gebacken wurde, wer den Ofen mit Reisig anheizen musste. Und es brauchte Erfahrung, um die Temperaturen richtig einschätzen zu können. Unsere Großmütter haben noch in den Achtzigern Sauerteigbrot gebacken, ein gutes Dutzend Laibe, so groß wie Langspielplatten. Mit dem langen, hölzernen Schieber (Schießer) schossen sie das Brot ein und holten es später aus dem Ofen, außerdem Bleche mit Apfel- und Pflaumenkuchen und natürlich *Saalsekùche* (es gibt ein Lied im Ober-Gleener Dialekt dazu, aber auch Fotos von Landfrauen bei der Arbeit, Salzekuchen und Brotlaiben). Aus einer Fotoreihe von Peter Dürolf haben wir das Backhaus in Weickartshain, einem Stadtteil von Grünberg, ausgewählt. In der Marburger Region sollen Backhäuser nach dem „Backhausjahr 2021" Stationen auf Wanderwegen bleiben, und auch in anderen Gegenden sollen sie wieder Mittelpunkte des Dorflebens werden. Wie war das früher genau? Der ausführliche, bebilderte Aufsatz „Vom Backen in Gonterskirchen und seinen Backhäusern" von G. Heinrich Melchior und Heinz P. Probst aus dem Jahr 2002 steht im Internet. Im vor dem Abriss geretteten Backhaus im Unterdorf von Gonterskirchen im Vogelsberg können Paare seit 2008 standesamtlich heiraten.

R (1). Wir nehmen es auch bei großen Tieren ganz genau.

Ob Kuh, Ochse oder Schwein: Wie viel ein Tier wiegt, wollten Käufer und Verkäufer genau wissen. Den Waagen in den öffentlichen Wiegehäuschen war kein Bulle zu schwer. Inzwischen haben die kleinen Häuschen zwar längst ausgedient, aber nicht als Kulturdenkmäler. In der Gemeinde Langenbach im Landkreis Limburg-Weilburg und anderen Orten werden sie von Ehrenamtlichen saniert. Peter Dürolf hat Viehwaagen beispielsweise in Schwabenrod (Foto) und Bernsburg fotografiert. Wer es ganz genau wissen will, kann sich im Pfunds-Museum im Künstlerdorf Kleinsassen in der Rhön umschauen. Gruppen ab zwölf Personen zahlen einen besonderen Eintritt – fünf Cent pro Kilo Lebendgewicht. Und gewogen werden die Besucherinnen und Besucher dann auf der großen Viehwaage aus Sieblos in der Rhön.

O. Nicht die Praxis von Frau Doktor.
Spritzen gibt es nicht nur in einer Apotheke oder der Praxis einer Landärztin. Auch die Feuerwehr besaß früher ein Spritzenhaus. Das Foto von Peter Dürolf zeigt das denkmalgeschützte Spritzenhaus im Unterdorf von Seibelsdorf und zugleich das Backhaus des Dorfes. Nicht weit davon entfernt ist das Hofgut mit dem Museum der Kindheitserinnerungen. Und im 100 Quadratmeter großen Feuerwehrmuseum im alten Spritzenhaus am Marktplatz von Nidda sind Feuerwehrgeräte ausgestellt, unter anderem eine Handdruckspritze von 1877, eine Saug- und Druckspritze, eine Holz-Kippleiter mit einer Steighöhe von zwölf Metern, Uniformen und Tragkraftspritzen und ein Löschgruppen-Fahrzeug mit Tragkraftspritzen-Anhänger aus dem Jahr 1941.

R (2) Eine Sauna? Ganz kalt!
In den Sechzigern wurden auf dem Land Gefriergemeinschaften oder auch Tiefkühlgemeinschaften gegründet und Gefrierhäuser gebaut. Auch in Angenrod, wo die Synagoge abgerissen wurde, um Platz für das neue Gebäude zu schaffen. Und in Ulrichstein, wo Peter Dürolf das Foto gemacht hat. In Ober-Gleen stand ein Gefrierhaus am Schlossgarten. Die Gefrierfächer der einzelnen Familien bildeten im Raum einen Block, um den man herumgehen konnte. Klimaschädlicher Fluorchlorkohlenwasserstoff (FCKW) sorgte auch im Hochsommer für arktische Kälte, und wenn der Metzger ein Schwein bei der Hausschlachtung nicht schon in der Waschküche zu Wurst, Schnitzel und Rouladen verarbeitet hatte, kamen die Tierhälften in die Kühlkammer. Im Vorfroster erstarrte Gefriergut und wir Kinder vor Schreck bei dem Gedanken, wer sich in diesem Häuschen verstecken könnte: Im Glaskasten an der Fassade, rechts von der Tür, hing das Fahndungsplakat mit den Fotos von gesuchten Terroristinnen und Terroristen. Mindestens bis zu Deutschlands heißem Herbst.

E (2) Ohne sie läuft nichts.
Ciao, Canal Grande! Um viele kleine Kanäle zu graben und damit ihr Geld zu verdienen, sind italienische Bauarbeiter im frühen 20. Jahrhundert nach Deutschland gekommen. Um 1908 haben Italiener, die in der Globergsmühle untergebracht waren, die Schächte für die Wasserleitungen von Ober-Gleen ausgehoben und bei

der Gelegenheit auch einer der kleinen Müllerstöchter ein paar Worte Italienisch beigebracht. Der Dorfbrunnen (*Komb*) hatte ausgedient. Auf Hügeln und Bergen wurden Hochbehälter gebaut, damit Druck auf die Leitungen kam. Und bis jedes Haus und jeder Hof seinen Wasserzähler bekam, wurde im Dorf darüber gewacht, dass kein Bauer seine Milchkannen mit fließendem Wasser kühlte (siehe „*Naut wie Ärwed*"). Peter Dürolf hat in vielen oberhessischen Orten Hochbehälter fotografiert, von denen einige an Bunker aus dem Zweiten Weltkrieg erinnern, etwa in Billertshausen (Foto) und in Bleidenrod. Besonders spät dran war Wernges im Vogelsberg. Die kleine Gemeinde hat sich erst 1950 entschlossen, von Pumpen auf Wasserleitungen umzusteigen. Also wurde so lange nach Trinkwasser gebohrt, bis man es in 100 Metern Tiefe fand, und dann ein Hochbehälter errichtet. Auf der von Hermann Euler betreuten Website über Wernges ist er im Detail dargestellt. Auch über das Dorfleben, Mundart und Brauchtum ist dort einiges zu erfahren – und über eine der ältesten Gefriergemeinschaften in Deutschland. In Reuters, einem weiteren Stadtteil von Lauterbach, sind in einer Museumsscheune alte Gerätschaften ausgestellt, darunter eine Zinkwanne aus der Zeit, als noch längst nicht jedes Haus ein Bad hatte.

Saa mo

Sag mal: Hast Du Fotos vom Backen im Backhaus, aus Gefrierhäusern oder anderen Gebäuden, die heute nicht mehr genutzt werden? Besitzt Du noch alte, mechanische Geräte, die keinen Strom brauchen? Eine Handkaffeemühle (*Kaffiemehl*)? Ein Butterfass (*Bodderfass*)? Ein Spinnrad (*Schbeannroad*)? Ein Fleischmühlchen (*Flääschmehlche*), das auch zum Zerkleinern von Wirsing benutzt wurde? Eine Kartoffelpresse? Einen Bohnenschneider? Einen Sauerkrauthobel (*Kraudhowwel*)? Eine Brotschneidemaschine mit Kurbel? Einen Sahnequirl? Ein Bügeleisen (*Bichelaise*) aus Eisen? Ein Waffeleisen (*Waffelaise*) für den Küchenofen? Eine Lockenzange (*Loggezang*)? Oder einen Dollbohrer, das schmiedeeiserne Werkzeug der Zimmerleute? Im Dialekt ist das allerdings ein Schimpfwort. Und ein Buch von Kabarettist Henni Nachtsheim (Badesalz).

Hosde doas gewossd?

Der Weltzukunftsvertrag, die Agenda 2030 der Vereinten Nationen, hat 17 Ziele, die bis zum Jahr 2030 erreicht werden sollen (siehe „08/18. Ein hessischer Beitrag zur Rettung der Welt", in dem auch das Lied über Omas Salzekuchen und Streuselkuchen steht). „*Ess die dschies*“ nennt sie Martin Jatho von der Arbeitsgemeinschaft für Natur- und Umweltbildung Hessen (ANU), der im Naturerlebnishaus in Kirtorf arbeitet. *Ess die woas?* Das ist wieder einmal Neuhessisch, im Original sind es drei Buchstaben auf Englisch, die für Sustainable Development Goals stehen. Und das bedeutet Nachhaltigkeitsziele. Zwei gibt es seit dem Bierdeckelwettbewerb der Umweltbildung Wiesbaden von 2020 auch ganz offiziell in Ober-Gleener Mundart: „*Dè sauwersde Schdrom eas der, den dè schboarsd.*“ Der sauberste Strom ist der, den du sparst. Und: „*Als on als woas Naues on alsemo woas Schlaues.*“ Immer etwas Neues und manchmal etwas Schlaues. Das werden die Leute früher auch gesagt haben, als Transformatorenhäuschen und Hochbehälter gebaut wurden.

Keine Angst vorm Hakenmann

Kinder, die keine Angst haben, sind schwer zu bändigen. Also haben Erwachsene in grauer Vorzeit den *Hoagemann* erfunden, den Hakenmann. *Moorsch* Gudrun, die Tochter von Hildegard und Hugo, hat uns von ihm erzählt, aber da war es schon viel zu spät, sich vor ihm zu fürchten. Unsere Kindheit lag lange zurück. Als eine der ersten Generationen hatten wir alle schon in den ersten Schuljahren schwimmen gelernt, und unsere Eltern mussten keine Angst um uns haben, wenn wir am Wasser spielten. Dank Seepferdchen, Frei- und Fahrtenschwimmer waren wir auf der sicheren Seite.

Angeblich wohnte der Hakenmann in unserem Sumpf. Mit seinem Haken zog er vorwitzige Kinder hinab in die Tiefe, ganz tief hinein ins Wasser oder in den Matsch, der keinen Boden hatte und kein Ufer, sondern nur Löcher. Vielleicht hauste er auch in dem alten Brunnen (*Bonn*), der so tief war, dass im Dreißigjährigen Krieg Glocken darin versenkt worden sein sollen. Außerdem ein Reiter mit Pferd. Jeder kannte die Geschichte von der Glocke und dem Reiter. Von verschwundenen Kindern ist *kemm* etwas zu Ohren gekommen.

Der Hakenmann aber spukt sogar durchs Internet: „Sein Oberkörper ist menschlich, der Unterkörper fischartig“, steht in seinem Steckbrief auf Wikipedia. Er soll spitze Zähne haben und sich von Fisch und Menschenfleisch ernähren. In Peine und in Alfeld an der Leine fürchten sich die Nichtschwimmer vor ihm. In Luxemburg und Franken wird vor dem Kropemann und dem Hägglmoo gewarnt, und in der Braunschweiger Volkskunde von 1901 steht: „Der ‚hâkemann‘ oder ‚nicker‘ sitzt im Born oder sonst im Wasser und zieht die Kinder, die dem Born zu nahe kommen, mit einem Haken zu sich herab.“ In Erfelden, einem Ortsteil von Riedstadt in Südhessen, ist der Hoogemoann berüchtigt. Und in Gamburg an der Tauber rufen die Narren an Fasching statt Alaaf und Hellau: „Hokemo, zieh nei!“

Niemand hat den *Hoagemann* in *Owenglie* je gesehen. Saß er zur Geisterstunde mit den weißen Frauen aus

den Ober-Gleener Sagen zusammen, mit dem Feuerläufer, dem Schimmelreiter und dem Grenzsteingeist? Oder mit dem *Bibaboddsemann*, dem *Buddseradds*? Mit dem Schwarzen Mann? Und wer war das überhaupt, der Schwarze Mann? Bei Kriegsende 1945 hatten unsere Eltern als Kinder zum ersten Mal dunkelhäutige US-Soldaten zu Gesicht bekommen. „*Holl doas Keand doa robb, doa eassenn Schwoazze*", hatte eine Großmutter geschrien, als sich ihre kleine Enkeltochter auf einen *Dragg* (Truck) oder einen *Dschieb* (Jeep) hatte heben lassen in der Hoffnung auf *Schoggeload* oder Kaugummi. „*Dschoggeledd*", war eines der ersten englischen Worte, die meine Mutter, Jahrgang 1939, in Alsfeld gelernt hat. Das zweite war vermutlich „*Dschuinggamm*". Chewing Gum.

Kaugummi hatten wir in unserer Kindheit genug. Einen herunterzuschlucken, galt als lebensgefährlich. „Das klebt dir die Eingeweide zusammen", sagten die alten Leute mit erhobenem Zeigefinger. „Und dann – stirbst du." Wir wussten nicht, ob wir das glauben sollten, aber wir strengten uns an, keinen Kaugummi zu verschlucken. Oder nur ganz kleine, ausgekaute.

Die Leute behaupteten auch, dass Sinti und Roma, die man damals abfällig *Zichoiner* oder „*Hääre*" nannte, Kinder mitnehmen. Und wenn schon nicht die Kinder, dann ganz bestimmt die Wäsche von der Leine. Aber niemand hätte das Lisbeth auf den Kopf zu gesagt, wenn sie hausieren kam. Das hatte mit schrecklichen Dingen zu tun, die sich tatsächlich ereignet hatten. Deutsche und Österreicher, die "heil, Hitler" schrien, hatten Europa mit Krieg überzogen und schon lange zuvor Hass und Angst verbreitet. Die Nazis hatten ihre politischen Gegnerinnen und Gegner ermordet, Sinti und Roma umgebracht, Menschen, die jüdischer oder anderer „nicht-arischer" Abstammung waren. Seelisch Kranke, unheilbar Kranke, Epileptiker und Menschen mit anderen vererbbaren Krankheiten. Geistig und körperlich Behinderte. Auch ganz alte Leute und ganz kleine Kinder. Auch Elsa Eislöffel, die Enkelin eines Ober-Gleeners, die gehörlos zur Welt gekommen war und einen gelähmten Arm hatte. Auch Hermann und Grete Sondheim. Auch Betty Baer, geborene Sondheim, und ihren Sohn Alfred. Auch Rosa Weinberg, geborene Lamm, ihren Mann Salli und ihren Sohn Arthur. So viele Menschen kamen ums Leben oder verschwanden für immer. Auch Lisbeths Familie war verfolgt worden. Lisbeth hat nicht darüber gesprochen. Sie ist eines Tages wiedergekommen, hat an unsere Haustüren geklopft und unseren Großmüttern Knöpfe verkauft. Oder Hosengummi.

Wir Kinder kannten keine anderen Sinti oder Roma. Wir hatten keine jüdischen Freundinnen und Freunde, denn keine der jüdischen Familien aus Ober-Gleen war ins Dorf zurückgekehrt. Die drei Töchter von Herbert Sondheim, der als Kind fliehen musste, kamen in New York zur Welt. Die Jüngste, Robin, ist in den Sechzigern geboren und hat das oberhessische Heimatdorf ihres Vaters, ihrer beiden Tanten und ihres Großvaters erst im Herbst 2019 kennengelernt. „Ich habe mich immer gefragt, wie es gewesen wäre, in Oberhessen aufzuwachsen“, schreibt sie in ihrer Muttersprache Englisch.

Schwarze sahen wir Kinder nur in den Nachrichten, wenn wir Nachrichten gucken durften, und in Filmen. Wir hörten von Martin Luther King aus den USA, den ein hellhäutiger Rassist erschossen hatte, wir sahen zimtfarbene Sportler bei den Olympischen Spielen und mandelfarbene Sängerinnen hinter dem Mikrofon. Wir mochten die Krankenschwester Julia Baker aus der Serie „Julia“, und Mike aus „Daktari“, auch wenn er ein bisschen langweilig war. In den Wald wagten wir uns trotzdem nicht allein, denn da wartete angeblich der Schwarze Mann auf uns. Und gemeint war nicht der *Schonnschdäi(s)fäj*er, der einzige schwarze Mann weit und breit. Der brachte angeblich sogar Glück. „Wer hat Angst vorm Schwarzen Mann“, sangen wir beim Fangenspielen und schrien lauthals: „Keiner!“ „Und wenn er kommt?“ „Dann laufen wir!“

Der Hakenmann aber war uns Kindern so unbekannt, dass wir nicht mal Witze über ihn machten. Die Leute hatten wohl irgendwann aufgehört, über ihn zu reden. Und so war er in einem Loch verschwunden, das viel tiefer ist als der *Gloggebonn*: Er geriet in Vergessenheit.

Saa moo

Sag mal: Wovor hast Du Angst oder als Kind Angst gehabt? *Vier wemm hosde Aangsd gehadd, wie dè kläi woaschd?* Klingt ähnlich: *woaschd – warst. Woschd – Wurst.* Ist es egal, ob man sich vor dem Hakenmann oder dem Schwarzen Mann fürchtet? Sind Schwarze wirklich schwarz? Weiße wirklich weiß? Welche Farbe hat Deine Haut? Hat schon einmal jemand etwas Schlechtes über Dich erzählt? Wie hat sich das angefühlt? Was ist ein Vorurteil? Welche Vorurteile hast Du? Und welche hast du abgelegt? Was würdest Du machen, wenn jemand sagt, dass alle aus Deiner Familie, Deiner Generation oder aus dem Ort, in dem Du geboren bist, schlechte Menschen sind, vor denen man Angst haben muss? Wovor sollten sich Kinder heute in Acht nehmen?

Hosde doas gewossd?

Über Oberhessen werden Sagen erzählt, auch gruselige, und wer ängstlich ist, sollte manche Wälder besser meiden. In seinem Lied „Vogelsbergkreis" singt der Hüttenberger Kinderliedermacher Thomas Koppe, warum: „Wo Horden nachts die Autobahnen absperren, ihre Beute in die tiefen, dunklen Wälder zerren..." Als Postkarte hat eine andere Warnung Karriere gemacht: „Leg dich nicht mit einem Dorfkind an. Wir kennen Orte, an denen dich keiner findet." In Angenrod verwandelt ein Elektriker sein Haus an Halloween in eine „Grusel-Villa", und auch in Wahlen leben große Halloween-Fans. Eigentlich treiben unruhige Geister in Oberhessen aber im Frühling ihr Unwesen: In der Nacht zum 1. Mai, der Walpurgisnacht, verschwindet, was nicht niet- und nagelfest ist, von Höfen und aus Gärten, um an einer anderen Stelle im Dorf wieder aufzutauchen. Diesen von der Jugend in einigen Orten noch gepflegten Brauch nennt man Walpern, im Dialekt *Walbern.*

Rore mo

Im Winter kommt in manchen Dörfern des Vogelsberges auch noch der *Erwesbär* ins Haus. Was ist das? A. Der Mann mit dem Tiefkühlgut. B. Eine Mischung aus Waschbär und Marder, der als Vegetarier vor allem Erbsen frisst. C. Ein junger Mann, den man in Erbsenstroh eingewickelt hat. In Eichelhain kennen die Leute die Antwort und halten für den Erbsenbären und seine Begleiter etwas zu essen, aber vor allem auch etwas zu trinken bereit. Gerne hochprozentig.

Lachen gegen die Angst

Humor ist ein gutes Mittel gegen Angst. Vor allem dann, wenn sie unbegründet ist. Hier kommt ein Gedicht in Mundart.

Hoagemann on Melusine

Dè Hoagemann doa ausem Somp
on sai Frä Melusine,
die zooche ean dè naue Komb
on harre käi Gaddine.
Doas woar dè Loid enn echde Graus,
doa deere sè sech feachde,
Gaddine, die hadd jedes Haus,
wer wolld schuh droff verzechde?
On aach sai Hoan woarn
viel sè laangk on viel sè laangk sai Zieh.
Die Loid huh dè Verschdaand verlurn,
dè Oblegg därenn wieh!
Doch enn Doag sass die Melusin' om Komb
on deed so schie gèseangge
voom Läwe donne ean ihrm Somp,
voo Liewe on so Deangge.
Doa woarn die Loid joa wie begeggsd
on deere daanse, lache,
on wann dè se doa haut noch säggsd,
doa deedsde medgèlache.

Hakenmann und Melusine

Der Hakenmann da aus dem Sumpf
und seine Frau Melusine,
die zogen in den neuen Brunnen
und hatten keine Gardinen.
Das war den Leuten ein echter Graus,
da haben sie sich gefürchtet.
Gardinen(, die) hatte jedes Haus,
wer wollt schon drauf verzichten?
Und auch seine Haare warn
viel zu lang und viel zu lang die Zähne.
Die Leut' ham den Verstand verlorn,
der Anblick schmerzte sie!

Doch eines Tages saß die Melusine am Brunnen
und sang so schön vom Leben in ihrem Sumpf,
über die Liebe und solche Dinge.
Da gerieten die Leute außer Rand und Band,
und (sie) tanzten und lachten.
Und falls du sie heute noch dort sähest,
dann würdest du mitlachen.

Kennsde die?

Als Kinder liebten wir Rätselfragen: „Was ist der Unterschied zwischen einer Bachstelze?" „Beide Beine sind gleich lang. Besonders das linke." Wie, das ist nicht logisch? Na, logisch! Sonst wäre es ja nicht zum Lachen.

Was ist schneller, ein Rennpferd oder eine Brieftaube? Das ist eine alte jüdische Scherzfrage. Die Antwort? Zu Fuß das Pferd.

Der Nächste, bitte! Was ist schwerer, ein Kilo Eisen oder ein Kilo Federn? *Woas eas schwierer, è Killo Aise oder è Killo Ferrern?* Wie, das ist das Gleiche? Mag sein, dass man das in Physik lernt. Sagst Du das auch noch, wenn es Dir auf den Fuß fällt?

Auch Sprachwitze waren in unserer Kindheit sehr beliebt. Wir amüsierten uns über den englisch-oberhessischen Spruch: *How do you do ean dè Labbeschuh?*

Einen neuen Witz hätten wir aber auch. Was sagt man heute in Hessen zu jemandem, der ohne Punkt und Komma redet?
„Hosde Babbeltee gedrungge?"
Hast du Bubbletea getrunken?

Saa mo

In Frankfurt *babbeln* die Leute, in Oberhessen *schwaddsese*, in Norddeutschland schnacken sie. Sag mal: Kennst Du noch weitere Ausdrücke fürs Reden, egal, in welcher Sprache? Kannst Du Witze erzählen? Auch auf Oberhessisch? Was ist Dein Lieblingswitz? Worüber kannst Du gar nicht lachen?

Hosde doas gewossd?

Noch bis zum Zweiten Weltkrieg haben sich Jugendliche den ganzen Winter über jeden Abend getroffen. Reihum in der Küche bei sich daheim. Die Mädchen haben am Spinnrad gesessen, gestickt oder gestrickt, und nach einer Weile kamen die Jungen dazu. Wer ein Instrument spielen konnte, Geige, Gitarre oder Quetschkommode, hat Musik gemacht, und alle haben getanzt. Aber sie haben sich auch lustige und gruselige Geschichten erzählt und sich gegenseitig Rätsel aufgegeben. Das nannte man Spinnstube, die *Schbeannschdobb* (mehr dazu im Ober-Gleen-Band „*Schbille gieh on feiern*"). Nicht verwechseln: *Schbeann* heißt spinnen, *schbien* spielen. Und *Schbie* sind Holzspäne zum Feueranmachen. Und ein *Scheannoos* ist ein besonders gemeiner, meist weiblicher Mensch, das Aas eines Schinders (Abdeckers). Das Wort gibt es auch in anderen Dialekten. Ein *Oos* (Aas) genannt zu werden, *è kläi Oos,* ruiniert den Ruf nicht gleich.

Mein Papa, Braurods Herbert

(Britta Jakobi)

Hallo, ich bin Britta! An einem sonnigen Sonntag im Jahr 1967 bin ich im Haus meiner sudetendeutschen Großeltern in Kirtorf auf die Welt gekommen, während eines Spiels der Kirtorfer Fußballmannschaft. Mein Vater, *Braurods* Herbert, war ein Ober-Gleener. Meine Mutter, Rotschusters Johanna, stammt aus Winterberg (Vimperk/Tschechien). Und beide waren Kriegskinder. Wie viele andere Flüchtlinge und Vertriebene hatten meine Großeltern, meine Mutter und ihre Geschwister in Hessen ihre neue Heimat gefunden. Mein Vater mochte seine Schwiegermutter und ihr Essen sehr. Sie hatte immer noch ein Schweiners (Schweinsbraten) in der Röhre, wenn er von einer seiner Bustouren spät nach Hause kam.

Vor allem wenn die *Omma* Anna in Ober-Gleen Geburtstag feierte, waren ich bei *Braurods*. In der guten Stube wurde Kaffee getrunken und eine Buttercremetorte kredenzt. Jedes Stück dieser üppigen Mokkatorte war mit einer Schokokaffeebohne verziert. Aber mir sind auch die Tage unvergesslich, an denen ich als Kind mit dem Traktor von *Obba* Ernst auf dem *Deggwoazzagger* herumfahren oder in der Nachbarschaft beim *Woaschdmache* und *Woaschdkoche* helfen durfte. Hans Krätschmer, *dè Meline ihrn Mann*, war Metzgermeister.

Wie viele wissen, bin ich Malerin geworden. Man sagt den Sudetendeutschen zwar eine künstlerische Ader nach, aber das Talent kann ich auch von meiner Familie väterlicherseits haben. Schließlich war auf *Braurods* Hof die letzte der Töpfereien des Dorfes. Noch im späten 19. Jahrhundert wurden dort Ziegel gebrannt. Und Dachreiter. Ein paar dieser Tonfiguren, ein Jäger zu Pferd und ein Reh, sind heute noch von der Bundesstraße aus zu bestaunen.

Ich male im Moment vor allem Menschen. Meine Helden sind Menschen, die im Alltag versuchen, den Widersprüchlichkeiten und chaotischen Zuständen zu trotzen und das mit ihrer ganz persönlichen Art. Meine neueste Serie handelt von Träumen und Visionen. Ich habe mir vorgenommen, Gefühle und Empfindungen zu malen, die man nicht sehen oder beschreiben kann. Heute versuche ich es mal.

Bevor ich mit dem Malen beginne, mache ich Entwürfe, oft eine Skizze oder eine digitale Collage in einem Zeichenprogramm. Gerade habe ich einen ersten Entwurf eines Bildes, eine Collage, fertig. Es handelt vom Abschiednehmen – von *Braurods* Herbert. Meinem Vater.

Eigentlich wollte er Kfz-Mechaniker werden, aber dann hat er nach der Schule erst einmal beim Bau des Arzthauses in Kirtorf geholfen. Seine *Gode,* die Ober-Gleener Gemeindeschwester, hatte das arrangiert, denn sie war mit der Ärztin sehr gut befreundet. Letztlich ist mein Vater Busfahrer geworden und hat ganz Europa erkundet. Einmal hat ihn eine Tour mit Wissenschaftlern bis nach Marokko geführt. Er konnte keine einzige Fremdsprache, aber er hat mit Händen und Füßen geredet und sich überall durchgeschlagen.

Als er meine Mutter kennengelernt hat, hatte er eine Tolle und war ein ziemlicher Elvisfan. Ich denke, das hat meiner Mutter sehr gefallen. Als Familienvater hat er dann den Linienbus für die Post gefahren. Wir Kinder waren „Herbert"-Fans, weil man mit ihm Dinge unternehmen konnte, die andere Erwachsene uns nie erlaubt hätten. Wir saßen an heißen Sommertagen während der Autofahrt auf dem Faltdach seines R4, durften mit seinen großen Hunden spielen, lernten als Teenager Auto- und sogar Busfahren, vor allem aber schon früh Tanzen: Ich durfte meine kleinen Füße auf seine stellen. So lernte ich die Schrittfolgen.

Viele meiner Schulkameradinnen und Schulkameraden in Alsfeld kannten meinen Vater. Sie nannten ihn Herby oder den Zickzack-Fahrer… Mein Papa war als Busfahrer bei den Kindern beliebt, weil er lustig war und sie auch mal fernab von der Linientour bis an die Haustür gefahren hat. Und er drückte beide Augen zu, wenn sie mal die Buskarte oder das Busgeld vergessen hatten.

Braurods Herbert war einfach unkonventionell, gesellig, ein Genussmensch, aber auch sehr leicht aufbrausend: Ungerechtigkeiten oder ständiges Meckern konnte er absolut nicht leiden. Dann ging er in die Luft wie das HB-

Männchen in der Zigarettenwerbung. Das hat uns allen in der Familie zu schaffen gemacht. Es war oft schwer, ihn wieder einzufangen, deswegen nannte ich ihn auch immer liebevoll „unser HB-Männchen". *Ruud Woaschd* und Zigaretten waren seine ständigen Begleiter und haben ihn wahrscheinlich ein paar Jahre seines Lebens gekostet. Trotzdem ist mein Vater einundachtzig geworden. Am 3. Dezember 2020 ist er zu Hause gestorben.

Ein paar Wochen nach seinem Tod habe ich von ihm geträumt. Meine Mutter und ich suchten ihn, er war schon krank und einfach verschwunden. Wir irrten durch eine dunkle Stadt und teilten uns auf. Schließlich fand ihn meine Mutter. Sie schlug die Hände über dem Kopf zusammen und erzählte mir ganz aufgeregt: „Stell dir vor, was der Herbert gemacht hat! Jetzt ist er schon so krank, und dann hat er noch ein Engagement als Elvis-Imitator angenommen!" Ich freute mich insgeheim für meinen Vater und beschwichtigte meine Mutter in der Traumszene: Genau das war mein Vater – spontan, emotional und unkonventionell. Immer mit seinem Hund Arthus an seiner Seite.

So behalte ich ihn in meinem Herzen. Ruhe in Frieden.

Hosde doas gewossd?

Elvis Presley ist in seiner Zeit als GI in Hessen auch durch Heimertshausen gekommen. Im Kirtorfer Museum, in dem auch an die Ärztin Hildegard Kilz erinnert wird, hängt das Beweisfoto von 1959. Von 1945 bis 1950 kamen etwa 600.000 Vertriebene und Flüchtlinge in Hessen an, vor allem aus dem Sudetenland, aus Schlesien, Ostpreußen und Pommern („*Himmel un Höll*"), davon etwa 5000 in Alsfeld und seinen Ortsteilen. Untergebracht wurden sie in Oberhessen in Privathäusern und auf Bauernhöfen, einige aber auch im geplünderten Schloss Romrod, in dem die Zarin, eine hessische Prinzessin, bis zum Ersten Weltkrieg gelegentlich Urlaub gemacht hatte. Egon Brückner aus Ober-Gleen hat seine Erinnerungen an seine Kindheit im Sudetenland, den Krieg und den Neuanfang in seiner Autobiografie „Mein Leben" beschrieben.

Saa mo

Sag mal: Wer sind Deine Heldinnen und Helden des Alltags? Dürfen sie auch Schwächen oder Fehler haben? Vermisst Du die Menschen, die Dir in Deiner Kindheit besonders nah waren? Träumst Du von ihnen? Träume sind *Dreem. Ech dreem.* Ich träume. *Der dreemd om hellichde Doag!* Der träumt am hellichten Tag! Früher sagte man auch: *Es hodd merr gedreemd.* Es hat mir geträumt. Denn Menschen können ihre Träume nicht steuern.

Off Owwerhessisch

So manches Dorf in Oberhessen hatte in den frühen Sechzigern noch eine eigene Hebamme. Oder eine Gemeindeschwester wie Maria Jakobi, *Braurods Gode* („Naut wie Arwed"). Alle anderen Erwachsenen in Ober-Gleen waren für uns Kinder *Onggel* oder *Dannde* (Onkel oder Tante/n). Eine *Gode* ist eine Patentante, der Patenonkel ist der *Pedder*. Manche erinnern sich noch lebhaft daran, dass ihnen *Braurods Gode* den Hals mit Jod ausgepinselt hat (O-Ton-CDs der Ober-Gleen-Reihe). Längst gibt es auch ein Lied über sie, nach der Melodie von „Heile, heile, Gänschen" („*Naue Lirrer*"): *„Keand, hosde dè Dalles, gieh bai Braurods God'. Ean ihrm Schaangk eas alles, aach Bensel on aach Jod. On dann mächdse äis, zwä, drai... dè Dalles, der gidd schweann vierbai."* Kind, bist du krank, dann geh zu Maria Jakobi in die Hersfelder Straße! In ihrem Schrank ist alles, auch Pinsel und auch Jod! Und dann macht sie 1, 2, 3... die Krankheit, die geht schnell vorbei!

Kein unnützer Krempel

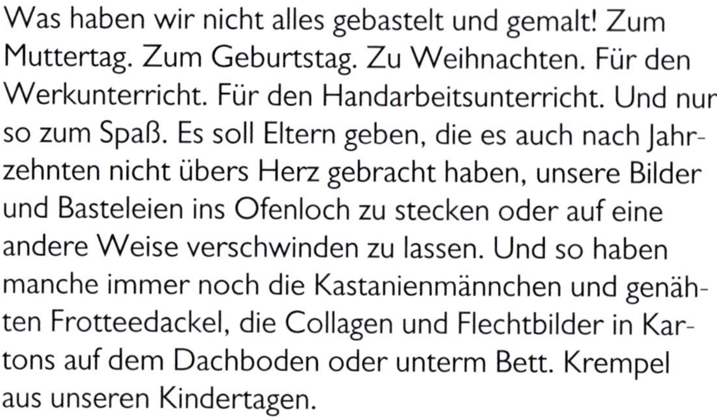

Was haben wir nicht alles gebastelt und gemalt! Zum Muttertag. Zum Geburtstag. Zu Weihnachten. Für den Werkunterricht. Für den Handarbeitsunterricht. Und nur so zum Spaß. Es soll Eltern geben, die es auch nach Jahrzehnten nicht übers Herz gebracht haben, unsere Bilder und Basteleien ins Ofenloch zu stecken oder auf eine andere Weise verschwinden zu lassen. Und so haben manche immer noch die Kastanienmännchen und genähten Frotteedackel, die Collagen und Flechtbilder in Kartons auf dem Dachboden oder unterm Bett. Krempel aus unseren Kindertagen.

Wir hatten für so vieles Verwendung, das die Erwachsenen weggepackt hatten oder anders benutzten: Aus einem Rührlöffel mit Geschirrhandtuch wurde eine Handpuppe, aus einem *Kolder* (Wolldecke, damals meist aus hundert Prozent Synthetik) und zwei Stühlen ein Zelt oder eine Höhle, ein Karton zum Boot. Manche von uns durchwühlten Schränke, Truhen und Kisten *off dè Lääb* (auf dem Dachboden), um sich alte *Klärer* (Kleider), *Hied* (Hüte), *Kabbe* (Kappen), *Dicher* (Tücher), *Lombe* (Lumpen) und *Schuch* (Schuhe) aus dem Fundus zu holen und sich zu verkleiden. Nichts war so unnütz, dass es nicht doch zu etwas nutze sein konnte. Mit ein bisschen Fantasie.

Heute gibt es einen Begriff dafür: Upcycling nennt man das fantasievolle Weiterverwenden und Wiederverwerten (Recycling) von Gegenständen, die andere Leute weggeworfen hätten. Leute, die nicht unsere Urgroßeltern, unsere Großeltern oder mein Vater waren. In den Praunheimer Werkstätten biegen Behinderte aus alten Fahrradspeichen kunstvoll Schlüsselanhänger, die aussehen wie Apfelweinkrüge, die man in Frankfurt Bembel nennt. „Feinste Fechenheimer Drahtwaren" steht auf der Verpackung. Und das zu recht. Werkstattleiter Walter Günther hatte die Idee, und nicht nur die: Der Schlossermeister und Erfinder hat eine eigene Kellerwerkstatt (Fotoband „Die mechanische Bratwurst") in Frankfurt am Main, in der er auch eine Grill- und eine Schaumkusswurfmaschine, einen Servietten-Picker und einen Schlagschreiber entworfen und gebaut hat. Lauter nützliche Sachen!

Bembelschnuud

(Melodie: Bruder Jakob)

So enn Bembel, so ein Bembel
hadd è Schnuud, hadd è Schnuud.
Schlissel sech on Krembel,
Schlissel sech on Krembel
schnabbe dudd!

Einen Kanon zu singen (sè *seangge*), macht Spaß (*mächd Schbass*). Es hört sich an wie ein einziges Kuddelmuddel (*Dorchennäi*), und trotzdem singen alle ganz harmonisch zusammen (*sèsomme*). So ein Kanon hat meistens einen kurzen Text, nur eine einzige Strophe. Man bildet zwei oder drei Gruppen, und auf ein Zeichen geht es los: Eine Gruppe singt die ersten zwei Zeilen (*Zain*), dann fängt die nächste an. Jede Gruppe singt das Lied bis zum Ende und beginnt dann gleich wieder von vorne. Immer wieder (*als on als*) dasselbe. So lange, bis jemand das Zeichen gibt, dass nach der nächsten Zeile Schluss ist. Und dann hören alle gemeinsam (*all menanner*) auf. Der Kanon „Bruder Jakob" wird in vielen Sprachen (*Schbroache*) und Dialekten der Welt gesungen, auch auf Oberhessisch.

Off Owwerhessisch

Die Ober-Gleener Version von Bruder Jakob: „*Brurrer Joggob, Brurrer Joggob, schleefsde noch, schleefsde noch? Hirrschde nit die Glogge, hirrschde nit die Glogge?* Bimbam bum! Bimbam bum!" Glocken können halt keinen Dialekt. Nicht mal die *Oosderglogge*. Von Walter Günther haben wir auch ein neues Wort gelernt: *Bembelschnuud*. Was könnte das wohl sein? Übersetzt heißt das Lied: „So ein Bembel, so ein Bembel hat ne Schnut, hat ne Schnut, Schlüssel sich und Krempel, Schlüssel sich und Krempel schnappen tut!" Die *Bembelschnuud* ist also der Ausgießer.

Spiel ohne Zeug

Dengge mo seregg,
woas woar fier ins Glegg?
Inser Weald, doas woarn die Bicher
on es Schbielzoich, noch on necher,
Bach, Wess, Schoier, Owendoier,
ach, wie woarn doas domols schie!

Joa, mir woarn sou frai,
Bambelkudsch leass sei,
Rollschuh, Foahrrad,
è kabbudden Hos' on die Knie ofgefann
voom Schbiel off inser Schdroos,
off inser äichen Schdroos!

So beginnt das Lied von der Kindheit aus dem Kapitel „*Wie mir kläi woarn*". Wir hatten Kinderbücher, wir hatten Gesellschaftsspiele, wir hatten Spielzeug, viel mehr als unsere Eltern als Kinder, viel, viel *mieh wie* unsere Großeltern als Kinder, wir hatten keinen Fernseher im Kinderzimmer, kein Handy und keinen Computer. Wir hatten die Natur, und wir hatten die Scheunen. Viele unserer einfachen Spiele werden heute noch gespielt, Fangen, Verstecken, Gummitwist, Flohhopps, Seilspringen, vielleicht sogar die Fadenspiele (zum Beispiel „Hexenbesen"), Papierfalten („Himmel und Hölle"), „Stille Post", Murmelspiele, „Ich sehe was, was du nicht siehst", Hüpfkästchen („Himmel un Höll"), „Alle Vögel fliegen... hoch", „Ich packe meinen Koffer", die „Reise nach Jerusalem", aber nicht mehr „Drei Hölzer", „Faules Ei", „Blindekuh", „Hänschen, piep" „Armer schwarzer Kater" und andere Spiele (fast) ohne Zeug. Und im Winter sieht man Kinder mit Schlitten nicht mehr *Bambelkudsch* fahren. Was am Schnee liegt, der auf den Dorfstraßen nicht mehr liegt. Und an den Autos.

Drai Helser

Kinder werfen drei Scheite Holz in verschiedene Richtungen, rennen weg und verstecken sich (von Jörg auf einer Ober-Gleener CD erklärt). Ein weiteres Kind, der Fänger oder die Fängerin, sammelt die Holzscheite ein und stellt sie zeltförmig auf und geht die anderen suchen. Gleichzeitig muss das Kind aber die Hölzer im Auge behalten. Sieht das Kind eines der anderen, dann tippt es dessen Namen mit dem Finger auf das Holz, und dieses Kind muss sich zu den drei Hölzern stellen. Wenn es jemandem gelingen sollte, aus dem Versteck zu kommen und Hölzer umzustoßen, sind alle Kinder, die entdeckt waren, frei. Gelingt es, alle Verstecke zu entdecken, hat der Fänger oder die Fängerin gewonnen.

Armer schwarzer Kater

Alle sitzen im Kreis, bis auf das Kind, das den schwarzen Kater spielt. Es läuft auf allen Vieren herum und nähert sich einem der Kinder, schneidet jämmerliche Grimassen und miaut ganz laut. Das Kind streichelt dem Kater über die Haare und sagt: „Armer schwarzer Kater." Und dabei muss es ernst bleiben. Wenn das Kind grinst oder lacht, muss es ein Pfand abgeben und ist der neue Kater. Armer schwarzer Kater.

Saa mo

Kennst Du ein Spiel, das heute nur noch selten gespielt wird? Kannst Du die Regeln von Räuber-und-Gendarm im Dialekt erklären? Ein paar Vokabeln: *Roiwer, Schandaam, foadlaafe (ech laaf foadd, die sai foaddgelaafe), sech verschdeggenn (ech verschdeggel mech, die verschdeggenn sech), fangge, gewinne (ech huh gewonn), verliern (die huh verlurn)*? Hast Du einen Tipp, wo man sich gut verstecken kann? Zum Beispiel: *Enner verschdeggeld sech henner..., è anner zwesche..., ean dreadde inner.... on dè Holger lääfd zu dè....*(Vorschläge: *henner dè Mesd, hennerm Baam, zwesche zwie Schdräich, zwesche dè Schdanggebunn, zu dè Nochbeann, lääfd ean die Schoier, verschdeggeld sech en dè Schoier, eam Goadde, eam Schdaal, hennerm Schoierndoor, henner dè Hennerdier, dè Schdaalsdier, dè Innerkechedier, dè Wäschkechedier, baim Holzschdaal, bai dè Lina ihrm Gommiwaa, inner dè Baangk*). Das wären viele Verstecke, ein Baum, Sträucher, die Stangenbohnen, das Haus der Nachbarn, die Scheune, der Garten, der Stall, das Scheunentor, die Hintertür, die Stalltür, die Tür unterhalb der Haustür, die zum Keller führt und oft auch die Waschküchentür ist, der Holzschuppen, der auch Holzstall heißt, die Bank und der Gummiwagen, ein Wagen mit Gummirädern anstelle von Holzrädern, mit dem zum Beispiel Heu gefahren wurde. In dem Moment war es dann ein *Hääwaa*.

Off Owwerhessisch

Beim Gummitwist und beim Seilspringen gab es eine Übung, in der du die Monate, in denen es Salat gab, mit dem rechten Fuß auf den Gummi tippen (oder übers das Seil hüpfen) musst: „*Seload, seload, des gaanse Joahr Seload, Jannewoar, Febboar,* März, April, Mai, Juni, Juli, August, *Sebbdember, Oggdower, Nowember,* Dezember!" In Ober-Gleen-Bänden haben Jörg, Birgit, Norbert, Siggi, Marlies, Heide und ein paar andere erzählt, was sie als Kinder gespielt haben, Auch im *Owengliejer Pladd.* Irmgard Kröll aus Alsfeld war das *Irmche.* Ihre jüngeren Geschwister Helga und Herbert kennen deshalb den alten Kinderreim vom Würmchen auf dem Türmchen etwas anders. Im Ober-Gleener *Pladd* würde es so klingen: *Sedsdes Irmche merrem Schirmche innerm Ermche offem Tirmche. Kimmd è Schdirmche, schmäisdes Irmche merrem Schirmche innerm Ermche voom Tirmche.* Beim Vergleichen heißt es auf Oberhessisch nicht als, sondern wie. *Ech sai schinner wie du.* Ich bin schöner als du. *Awwer du säisd schlauer wie ech.* Aber du bist schlauer als ich. *On mir sai lusdicher wie die annern all sesomme.* Und wir sind lustiger als die anderen alle zusammen.

Alles dreht sich

Natürlich haben wir Kinder auch drinnen gespielt, gemalt, gelesen, ferngesehen. Aber wir waren viel in Bewegung und haben Dinge in Bewegung gesetzt: Fahrräder zum Beispiel, Bälle, Flummis, Rollschuhe, Seile, Frisbee-Scheiben, Bumerangs, Pfeile mit dem Flitzebogen, Jojos, Klick-Klacks – zwei harte Kugeln an den Enden einer Schnur, die in Schwingung gebracht wurden und dann mal oben oder unten zusammenklackten – und Dreh- oder Brummkreisel (*Dobch*). Gucken wir doch mal, was sich da alles dreht.

Es Jojo,
doas geang als roff on robb
on noff on nobb,
liff runner, nunner, roff!
On wann's nit schdieh gepleawwe eas,
dann hirrd's goar nit mieh off!

Es Foahrroad
hodd zwä Rärer,
med Lofd on med Profil.
Ai, sou è Road hadd jeerer,
Merr koom demed oos Ziel.
Eans Schwemmboad on zem Schboaddpladds,
Easchd foadd, dann werre heem.
Haud hodd jeed Road enn Modor.
Mir Mensche sai bekweem.

È Kliggklagg
woar è Deangk,
doas deed kligge on klagge.
Hosde nit offgebassd,
dann häibd's derr offen Bagge.
Schleedsderrsch aach è ploo Aag
on mächdersch degge Libbe,
dann leassdes liwwer sai
on dusd mo Sääl gehebbe!

Dè Dobch
hodd sech gedrohd
on woar donnit gefiehrlech.
Plibb segoar schdieh bai „Rot".
Edds woar ech nit gaans iehrlech.

Saa mo

Sag mal: Hast Du alles verstanden? Wenn nicht: *Doas schodd naut*. Das schadet nichts. Als Kind hast Du ja auch nicht alles verstanden. Lies es einfach mal laut. „*Doas schodderr naut*! *Doas schodd ouch naut*", hätten Erwachsene früher zu uns gesagt. Das schadet dir nicht! Das schadet euch nicht! Und nur so *zèm Schbass* kommen gleich noch ein paar Vokabeln.

Off Owwerhessisch

Haud ist heute, *edds (jedds)* ist jetzt, *neechd* ist gestern, *moije* morgen. *Laafe* wird in der Vergangenheit zu *liff, kaafe (kaufen)* zu *kiff*. *Jeerer* ist jeder, und *jeed* jedes. *Hodd* heißt hat und *hadd* hatte. *Schloo* heißt schlagen, *schleedsderr* schlägt es dir. Wenn dir jemand auf die Backe (männlich: *dè Bagge*) haut, dann *häibd* er dich und hat dich *gehèwwe*. *Hobbd* jemand ein Kind, dann hält er es, zum Beispiel auf dem Arm oder auf dem Schoß (*Geann*). *Ech well dech emo howwe!* Ich will dich mal halten! *Dann mussde mech huuchhewe!* Dann musst du mich hochheben. Dreht sich etwas, *drehd sech's*, und dann *hodd sech's gedrohd*. Das hört sich gefährlich (*gefiehrlech*) an, ist es aber nicht. Ganz *iehrlech* (ehrlich). In Oberhessen kommt etwas *roff* (rauf), *robb* (herab, manche sagen auch: *rabb*), *noff* (hinauf, manche sagen auch: *nuff*), *nunner* (hinunter), *runner* (herunter), *neann* (hinein), *reann* (rein), aber auch *naus* (hinaus) oder *raus* (raus). Und dann ist es *dois* (draußen) und nicht *deann* (drin). *On woas nit hieh eas, eas doa drewwe*. Und was nicht hier ist, ist dort drüben. *Komm rewwer, wann dè woas widd!* Komm rüber, wenn du was willst! *Doa mussde ewwer die Gass*. Da musst du über die Straße.

Zwei links, eins rechts

Wir haben als Kinder ja noch auf der Straße gespielt. *Off dè Gass*, nicht auf der Hauptstraße (*dè Schdroos*). Das wäre schon in den Sechzigern viel zu gefährlich gewesen. Wir haben früh gelernt, am *Boddschdäi* erst nach links, dann nach rechts und dann wieder nach links zu spähen, zwei links, eins rechts, loszumarschieren, wenn kein Fahrzeug kommt, aber nicht zu rennen und auf gar keinen Fall stehenzubleiben. Das war, bevor unser Dorf einen Zebrastreifen bekam. Heute gibt es sogar eine *Driggambel*. Und so viele Lastwagen wie nie zuvor, rund um die Uhr.

Die Weltgesundheitsorganisation ist dafür, dass Autos, Laster, Busse, Motorräder und Mopeds in Städten und Dörfern höchstens 30 Kilometern die Stunde fahren dürfen. Im Auto kann sich das anfühlen wie Schneckentempo. Aber das täuscht gewaltig. „Man muss sich nur mal vorstellen, mit Tempo 30 auf dem Fahrrad gegen eine Wand zu fahren", rät ein Bremer Professor. Das will ich mir lieber nicht vorstellen. Ich kenne einen aus Hergersdorf, der hat es ausprobiert. Und ist mit zwei eingegipsten Armen konfirmiert worden.

In der Fahrschule haben wir als Jugendliche gelernt, was Reaktionszeit ist: Wenn wir ein Hindernis bemerken, dauert es, bis wir bremsen oder das Steuer herumreißen. Bei 30 Kilometern die Stunde fährt ein Auto während der Reaktionszeit noch gut acht Meter weiter, bei Tempo 50 schon fast 14 Meter. Und es bleibt auch nicht wie von Zauberhand stehen, sobald jemand auf die Bremse tritt.

Wie groß die Gefahren im Straßenverkehr wirklich sind, können sich die wenigsten von uns vorstellen. Die Wucht, mit der ein Auto auf einen Menschen, ein Tier, einen Baum oder ein anderes Fahrzeug trifft, ist bei Tempo 50 sechsmal größer als bei Tempo 30. Ungefähr wie bei einem Sturz aus zehn Metern Höhe, also etwa vom Dach eines Fachwerkhauses. Aufs Dach zu steigen, haben wir uns nicht getraut. Wenn wir schlau waren.

Sabine erinnert sich

„Mein Opa ist öfter mal im ersten Gang Vollgas mit dem *Bulldogg* durchs Dorf gerast. Hat man schon von weitem gehört. Als mein Opa mit *Bulldogg* und großer neuer Egge bei *Wähnesch* ums Eck fahren wollte, hat er *Wähnesch* Hauseck beschädigt und die neue Egge sah auch nicht mehr gut aus. Von Blinken und nach hinten Gucken beim *Bulldoggfoahrn* hat mein Opa auch nichts gehalten. Und er hat immer Schwein gehabt. Bis ihm mein Vater verboten hat, Trecker zu fahren!“ Sabines *Obba* war *Endesche Kall*, Karl Kirchner.

Saa mo

Sag mal: Wer hatte in Deiner Familie das erste Moped, das erste Auto oder einfach den Führerschein? Und womit bist Du die meiste Zeit unterwegs? *Med woas fierschd du?* Kannst Du eine Verkehrsregel im Dialekt erklären? Beispiele: *Rechds vier lengs. Bai Ruud mussde schdieh (gè)plaiwe. Bai Grie kannsde gieh! Foahr nit sè schweann! Bass off dech off off dè Gass! On aach off die annern! Wer Audo foahrn will, brouchdn Fiehrerschai!* Welche neue Verkehrsregel würdest Du einführen? Und welche würdest Du abschaffen?

Wir Kinder retten die Wälder

Veronika Bloemers (1973, im Alter von 11 Jahren)

Am Sonntagmorgen sagte mein Vater zu uns, nachdem er die Zeitung gelesen hatte: „Ha, der Staat möchte durch unsere schönen Wälder leider wieder mal eine Autobahn bauen. Bald haben wir keine Bäume mehr!"
Ich finde das fürchterlich. Die unnützen Gebäude lassen sie stehen, aber aus Spielplätzen machen sie Banken und aus Wäldern Autobahnen! Die Eltern wollen es ja auch nicht, aber sie haben Angst, etwas zu unternehmen. Deshalb müssten wir Kinder diese Schande verhindern und etwas unternehmen. Ich erzählte alles den Kindern, die ich kannte. Sie fanden es auch fürchterlich. Wiederum erzählten sie es anderen Kindern. So kam es, dass diese Geschichte durch alle Schulen, von Dorf zu Dorf, von Stadt zu Stadt ging. Manche erzählten auch, dass am Montag mit den Bauarbeiten begonnen werde.
Und ohne sich richtig verabredet zu haben, ist am Montag der ganze Wald voll von Kindern. Sie kommen von allen Seiten herangeströmt. Die Arbeiter telefonieren sich gegenseitig, es gäbe zu viele Kinder im Wald, als dass man die Bäume fällen könnte. Inzwischen hat sich die Nachricht im ganzen Land verbreitet, und alle Kinder versperren die Wälder, die abgeholzt werden sollen.
Der Chef der Arbeiter alarmiert die Polizei. Diese aber erklärt ihm, dass sie mit Kindern nichts zu tun haben möchte, es sei ihr gutes Recht, sich zu wehren. Nun rufen die verärgerten Arbeiter die Behörde an.
Diese, nachdem sie die Geschichte erfahren hat, antwortet: „Ihr werdet euch doch nicht von ein paar Kindern von eurer Arbeit abbringen lassen!"
„Es sind aber nicht nur ein paar, es sind mindestens tausend!"
„Drohen sie denn mit Steinen oder ähnlichem?"
„Nein, sie essen und sind vergnügt."
„Ja, dann kann ich nichts machen, das ist Sache des Ministers."
Noch verärgerter rufen die Arbeiter den Minister an. Der hat aber schon durch viele Briefe von den Neuigkeiten erfahren. Er sagt den Arbeitern: „Es tut mir leid, aber die Bauarbeiten müssen vorerst verschoben und neue Lösungen gefunden werden, die aber den Wald schonen." Der Minister war überhaupt sehr froh, denn er wollte schon lange etwas unternehmen, hatte aber

Angst, weil er die Verantwortung für alles trug. Und so war durch die Kinder jetzt die ganze Welt in Bewegung gekommen.

Saa mo

Wofür würdest Du demonstrieren? Oder wogegen? *Vier woas on geeche woas?* Was hältst Du von „Fridays for Future"? Was weißt Du über die 17 Ziele des Weltzukunftsvertrages? Was kannst Du gegen den Klimawandel tun, was erwartest Du von der Politik? Was weißt Du über den Protest gegen den Weiterbau der Autobahn 49 in Oberhessen? Hast Du 2020 mitbekommen, was im Dannenröder Forst (Danni), im Herrenwald (Herri) und im Maulbacher Wald (Mauli) geschehen ist? Was denkst Du darüber?

Off Owwerhessisch

Laand (Land). Länner (Länder). *Baam* (Baum), *Beem* (Bäume). *Beemche* (Bäumchen). *Schdrouch* (Strauch). *Schdräicher* (Sträucher). *Wess* (Wiese). *Wessbaam* (Wiesenbaum, eine Stange auf dem Heuwagen). *Groas* (Gras). *Gruus* (groß). *Grisser* (größer), *grissere Baam* (größere Bäume). *Dè grissde Baam* (der größte Baum). Nicht verwechseln: *Doa krissde die Krängk!* (Da kriegst du zu viel!, auch: *Doa krissde Lois med Schwänns*! Wörtlich: Da bekommst du Läuse mit Schwänzen!) *Ärwed* (Arbeit). *Awwaider* (Arbeiter). *Des Saa huh* (das Sagen haben, die Verantwortung haben). *Die Oschdell mache* (etwas anschieben, die Pläne machen). *Schdell dech nit sou oo!* Stell nicht so an! *Audoboo* (Autobahn). *Doaf* (Dorf). *Deafer* (Dörfer), *Bollidigger* (Politiker), *Bèamde* (Beamte).

Wer schreibt, die bleibt

Wer schräibd, die pläibd (plaibd): Poesiealben, die Vorgänger der Freundschaftsbücher und Facebook-Netzwerke, waren Mädchensache. Jungen kamen selten in die Verlegenheit, sich in Schönschrift in einem der quadratischen Bücher zu verewigen und dabei weder Schreibfehler noch Tintenkleckse zu machen. Eltern, Großeltern, Tanten und Nachbarinnen, Lehrerinnen und Lehrer schrieben sich in unsere Erinnerungen ein. Freundinnen und Mitschülerinnen aber füllten die meisten Seiten. Einem anderen Kind so eine Bitte abzuschlagen, war schier undenkbar. Nur eins wäre unter Mädchen noch gemeiner gewesen: Gar nicht erst gefragt zu werden.

Mein erstes Album habe ich am 13. Mai 1974 angelegt. Es beginnt, nach vier leeren Seiten, mit einem Segensspruch meiner *Omma* Lina. „Drei Engel mögen dich begleiten auf deiner ganzen Lebenszeit. Und die drei Engel, die ich meine, sind Liebe, Glück, Zufriedenheit. Dies schrieb Dir, liebe Monika, Deine Oma." Ein rosafarbener Pantoffel voller Vergissmeinnicht und Rosen klebt links davon, denn in einem Poesiealbum schrieb man damals, wie man in Deutschland Auto fährt: immer schön auf der rechten Seite.

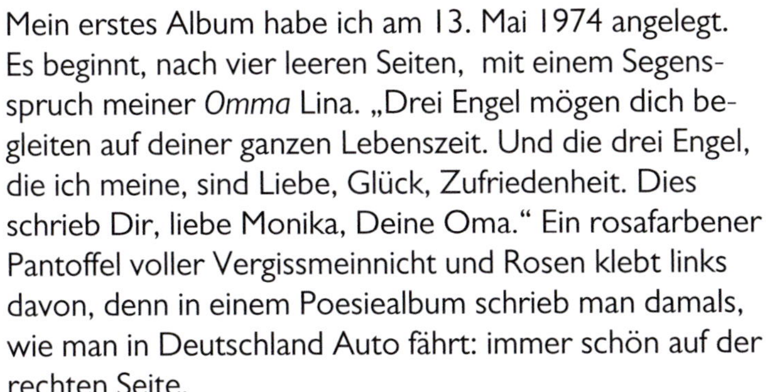

Meine *Omma* Lina hatte meinen *Brurrer* und meinen *Babba* überholt, denen ich die ersten beiden Doppelblätter reserviert hatte. Meinem Bruder könnte die Vorstellung peinlich gewesen sein, ein Glanzbildchen in das Poesiealbum seiner kleinen Schwester zu kleben. Und *Pauls Kall*? Wenn mein *Vadder* gemeinsam mit meiner *Modder* Fachwerkhäuser, Scheunen, Kirchen oder Feldsteinmauern restaurierte, war ihm kein Tag lang genug. Ihm fehlte die Zeit für solche kleinen Formalitäten. Was schade ist, denn er hatte die schönste Schrift in der ganzen Familie. *On nit sou è Sauklau' wie ech domols.*

Mein *Obba* zitierte einen Maler und Dichter aus dem Biedermeier: „Vor allem eins, mein Kind, sei treu und wahr, laß nie die Lüge Deinen Mund entweih'n! Von altersher in unserem Volke war der höchste Ruhm, getreu und wahr zu sein. Leicht schleicht die Lüge sich ans Herz heran, zuerst ein Zwerg, ein Riese hintennach, doch Dein Gewissen zeigt den Feind Dir an, und eine Stimme ruft in

Dir: Sei wach! Dann wach und bet, es ist ein Feind bereit! Die Lüg' in Dir, sie drohet Dir Gefahr! Kind, unsere Vorfahren kämpften tapfer allezeit. Du, liebes Kind, sei tapfer, treu und wahr. Dein Opa Karl Felsing." Der „Deutsche Rat" von Robert Reinick (1805-1852) ist mit einem Tulpenstrauß illustriert.

Und meine *Mamma*? Mama hat mir einen Spruch ins Poesiealbum geschrieben, den Heintje besang und den wir Kinder sonst von älteren Verwandten zu hören bekamen: „Wenn Du noch eine Mutter hast, so danke Gott und sei zufrieden, nicht jedem auf dem Erdenreich ist dieses große Glück beschieden." Meine Alsfelder Oma Hedwig, die Mutter meiner Mutter, war wenige Jahre zuvor gestorben. Meine Mitschülerin Ellen hatte einen passenden Vers: „Viel kannst Du kaufen für Silber und Erz, doch nie aus dem Grabe ein Mutterherz."

Pädagogisch ging es weiter. Unsere Nachbarin, *Waachnesch* Toni, hatte den Klassiker parat: „Sage nie, das kann ich nicht, alles kannst Du, will's die Pflicht. Alles kannst Du, will's die Liebe, darum Dich im Schwersten übe. Schweres fordert Lieb und Pflicht, drum sage nie, das kann ich nicht." Am 14. Mai 1974 schrieb Astrid aus *dè Bonngass* in mein Album: „Zum Andenken! Sei stets der Eltern Freude, beglücke sie mit Fleiß, so erntest Du im Alter dafür den schönsten Preis." Und *babbde* Maiglöckchen dazu. „Monika, lerne Menschen kennen, denn sie sind veränderlich: Die Dich heute Freundin nennen, schimpfen morgen über Dich", warnte mich meine Großcousine Carmen. *Leann Mensche kenn! Die dech haud Froindin nenn, schembe moije ewwer dech*! Sabine, deren Großeltern Karl und Emilie mit meiner Großmutter Lina eingeschult worden waren, machte mir Mut: „Laß die Winde stürmen auf der Lebensbahn, so sich Wogen türmen über deinen Kahn. Segle mutig weiter, wenn der Mast auch bricht. Gott ist Dein Begleiter, er verlässt Dich nicht."

Mit Herzchen in Siebdruck ist die nächste Doppelseite geschmückt: „Zur Erinnerung. Wenn die Sterne fallen, wenn der Himmel bricht, alles wird zerfallen, nur die Liebe nicht", versicherte mir Esther Heidi. Mitte Mai hatte das Poesiealbum dann Arnshain erreicht. „Aus Liebe! Den Blumenstrauß vom Felde hab ich für dich gepflückt, und du magst fröhlich glauben, Gott hab ihn dir geschickt“, hatte Sonja als Spruch ausgewählt. Und auch sie hat ihr Album aufgehoben, mit meinem Spruch darin: „Wo Glück und Segen soll gedeih'n, muß Kopf und Herz zusammen sein.“ Heute weiß ich: Es ist ein Gedicht von Friedrich von Bodenstedt. Der Übersetzer und Schriftsteller war als Sohn eines Fleischermeisters 1819 in Peine geboren, 1892 in Wiesbaden gestorben und dazwischen viel in der Welt herumgekommen. Er arbeitete als Hauslehrer bei einem Fürsten in Moskau, als Lehrer in Tiflis, war Professor für slawische Sprachen, Redakteur in Triest, Wien, Berlin und Bremen und Theaterintendant in Meiningen, übersetzte Shakespeare, russische und persische Dichter und reiste von 1880 bis 1882 durch die Vereinigten Staaten von Amerika. Mit seiner Frau Mathilde, gebürtige Osterwald aus Fulda, hatte er fünf Kinder. Sein Vers beginnt mit den Zeilen: „Kopf ohne Herz macht böses Blut, Herz ohne Kopf thut auch nicht gut.“

So ein Poesiealbum ist voller Nettigkeiten. „Auf allen Deinen Wegen wünsch ich Dir Glück und Segen“, ließ mich Cornelia aus Arnshain wissen, und ihre Zwillingsschwester Manuela streute Tulpen, roten Mohn und Margeriten über die nächsten beiden Blätter: „Aus Liebe! Zwei Täubchen sah ich fliegen, da dacht ich gleich an Dich, das macht mir viel Vergnügen, denk ebenso an mich.“ Irmtraud, eine weitere neunjährige Arnshainerin, malte Blütenzweige zwischen Glanzbilder und hinterließ die Zeilen: „Aus Liebe! Gehst Du mal ins Leben raus, vergesse nicht Dein Elternhaus, geh oft und gern zurück und bringe Deine Liebe mit.“

Das Kollegium schrieb mit Vorliebe bei modernen Klassikern ab, unsere Klassenlehrerin bei Heinrich von Kleist: „Lustige Leute begehen mehr Torheiten als traurige, aber traurige begehen größere. Zur Erinnerung an Deine Schulzeit. Deine Lehrerin Ingrid Ebke“, eine gebürtige Freifrau Schenck zu Schweinsberg. Kurz nach ihr trug sich die nächste Lehrerin ein und bemühte Goethe: „Wer mit dem Leben spielt, kommt nie zurecht. Wer sich nicht selbst befiehlt, bleibt immer ein Knecht.“ Die Dritte, Marlene Althoff, sagte es frei nach Werner Finck, dem Kabarettisten: „Lächeln ist die beste Art und Weise, dem Gegner die Zähne zu zeigen. Zur Erinnerung an Deine Schulzeit.“ Und unsere Handarbeitslehrerin Inge Härtl hielt es mit Fontane: „Leicht zu leben ohne Leicht-

sinn, heiter zu sein ohne Ausgelassenheit, Mut zu haben ohne Übermut, das ist die Kunst des Lebens. Zur Erinnerung an Deine Schulzeit."

Mein Album war Ende Mai 1974 wieder in Kirtorf. „Aus Liebe! Rosen, Tulpen, Nelken, alle Blumen welken, nur die eine nicht, die da heißt Vergissmeinnicht", schrieb Silke, knickte ziemlich keck ein Eselsohr in die obere Hälfte, verwandelte es in ein Briefchen und schrieb auf die linke Seite: „Blaue Augen, roter Mund, liebe Monika, bleib gesund!" Auf Rosen gebettet ist der Eintrag vom 5. Juni: „Zum Andenken. Zwei Schlüsselchen öffnen Dir jede Tür. Zwei niedliche, kleine, blanke. Gib acht, daß Du sie nicht verlierst, sie heißen ‚Bitte' und ‚Danke'." Er stammt von Andrea aus Kirtorf. „Zum Andenken! Sei wie das Veilchen im Moose, sittsam, bescheiden und rein. Nicht wie die stolze Rose, die immer bewundert will sein", riet mir Martina aus Ober-Gleen. Märchenhaft ist ein anderer Wunsch ausgefallen: „Aus Liebe! Ein Häuschen von Zucker, von Zimt die Tür, der Riegel von Bratwurst, das wünsche ich Dir. Gedenke gerne Deiner Freundin Michaela."

Aus Wahlen kamen am 12. Juni 1974 ein Levkojenstrauß aus Papier und die Botschaft: „Zum Andenken. Wenn der Jugend schöne Tage hinter Dir einst liegen weit, dann wird dieses Blatt Dir sagen, schön war unsre Jugendzeit." Martin, ein Cousin zweiten Grades, blieb damit der einzige Junge in meinem ersten Poesiealbum. Der letzte Eintrag aus meiner Kirtorfer Schulzeit stammt von Manuela aus Arnshain: „Zum Andenken!", hat sie am 5. April 1975 geschrieben. „Wenn ich auf hohem Berge steh und ins Tal hinunter seh, denk ich in stiller Ruh, wie geht's bei der Monika zu!" Das frage ich mich seitdem selbst manchmal.

Saa mo

Hast Du Dein Poesiealbum noch? Hast Du ein Freundschaftsbuch, alte Briefe oder Tagebücher? Schreibst Du einen Blog oder Gedichte? Wo und wie verewigst Du Dich?

Hosde doas gewossd?

In der ersten Hälfte des 19. Jahrhunderts konnten nicht einmal alle Erwachsenen in Deutschland, dem „Land der Dichter und Denker“, lesen und schreiben. Die Kinder von Friedrich Ludwig und Amalie Friedegard Weidig aber haben es anscheinend früh gelernt. In Homberg/Ohm schrieb die Achtjährige 1843 ihrer Tante Karoline Weidig, geborene Castendirk, die sie und ihren Bruder nach dem Tod ihrer Eltern aufgenommen hatte, ins Stammbuch: „Heiter wie ein Frühlingsmorgen sollen Deine Tage blühen, freih von Kummer frey von Sorgen sollen sie vorüber ziehen. Dieses ist der herzliche Wunsch Deiner Dich liebenden Nichte.“ Und ihr älterer Bruder Wilhelm fügte zwei Jahre später hinzu: „Alles Dunkel dieses Lebens glänzt vor Gott wie Sonnenlicht. Wir nur forschen oft vergebens, unser Blick durchschaut es nicht. Es kommt das Große, das Kleine, das Ferne, die Thränen der Armen, die Schaaren der Sterne, und leitet auf dunkler und machtvoller Bahn uns endlich zum Lichtquell der Wahrheit hinan. Zur freundlichen Erinnerung an Deinen Dich liebenden Neffen.“ Im Band „*Himmel un Höll*“, in dem unter anderem auch die Geschichte der Weidigs erzählt wird, vergleichen wir Poesiealben mehrerer Generationen. Dieser Beitrag ist ein leicht abgewandelter Auszug daraus.

Brei mit Ei und Toast Hawaii

Was hat uns Kindern in den Siebzigern geschmeckt? Nicht allen war alles der Nase nach. Süß musste es für die einen sein, salzig für die anderen, vielleicht auch ein bisschen süßsauer, entweder kalt wie Eis oder warm wie Brei, cremig oder fluffig, knusprig, glitschig oder halbwegs flüssig und selbstgemacht, nach Rezepten von Mama, Oma oder Uroma: Die Erinnerung an das Lieblingsgericht der Kindheit, die Leibspeise, ist einfach nur lecker.

Grießbrei nach Großmutters Art

Man nehme
800 Milliliter Milch
80 Gramm Weichweizengrieß
2 Esslöffel Zucker
1 Packung Vanillezucker
1 Prise Salz
1 Ei
25 Gramm Butter.

Zubereitungszeit: 25 Minuten

Die Milch mit dem Zucker, dem Vanillezucker und einer Prise Salz in einem breiten Topf zum Kochen bringen. Den Weizengrieß einrieseln lassen, dabei die ganze Zeit mit einem Schneebesen rühren und nochmals aufkochen lassen. Dann den Topf vom Herd nehmen und den Grieß zugedeckt fünf Minuten ziehen lassen. In der Zwischenzeit das Eigelb vom Eiweiß trennen. Das Eiweiß zu steifem Schnee schlagen. Das Eigelb in den Grießbrei rühren. Die Butter ebenfalls in den Grießbrei geben und so lange rühren, bis die Butter geschmolzen ist. Zum Schluss den Eischnee vorsichtig unter den fertigen Grießbrei heben. Dazu schmecken: Kompott nach Wahl, Zimt und Zucker oder braune Butter.

Reisbrei nach Uromas Art

Man nehme
1 Liter Milch
etwas Butter
etwas Salz
20 Gramm Zucker
etwas Zitronenschale, von der Zitrone abgerieben
175 Gramm Milchreis
50 Gramm Zucker
ein halber Teelöffel gemahlenen Zimt

Zubereitungszeit: etwa eine halbe Stunde.

Man bringt Milch, Butter, Salz, Zucker und Zitronenschale zum Kochen, gibt den gewaschenen Milchreis dazu und lässt ihn dann bei schwacher Hitze quellen. Mit Zucker und Zimt oder auch mit heißen Kirschen oder roter Grütze servieren – wenn die Uroma aus Norddeutschland war.

Toast Hawaii für den Kindergeburtstag

Man nehme
Toastbrot
Gekochten Schinken
1 Dose Ananas in Scheiben
Chesterkäse

Zubereitungszeit: etwa 20 Minuten.

Das Toastbrot leicht anrösten, auf ein Blech legen. Erst eine Scheibe gekochten Schinken darauf legen, darauf dann die Ananasscheibe und oben drauf den Käse. In den Siebzigern nahm man für Toast immer Scheiblettenschmelzkäse. Das Ganze im Backofen überbacken, bis der Käse geschmolzen ist.

Schlambes

Haferflocken
Milch
Kakao
Zucker

Auf einem tiefen Teller zart schmelzende Haferflocken mit Kakaopulver für Trinkkakao oder zum Backen und Zucker nach Geschmack vermischen. Milch erhitzen und langsam darüber gießen. Rühren, bis *Schlambes* entsteht, eine schlammfarbene, süße Masse.

Mohnkobbwegg

Man nehme:
1 Brötchen (oberhessisch: *Wasserwegg*)
1 Schaumkuss (oberhessisch: *Mohnkobb*)
oder
1 Leberwurstbrot (oberhessisch: *Läwwerwoschdbruud*)
und tausche dann.

In Bäckereien, im Freibad in Heimertshausen und am Schulkiosk gab es in den Siebzigern *Mohnkobbwegg*, und sie waren der Knaller. Die Zubereitung ist einfach: das Brötchen aufschneiden, den Schaumkuss auf die untere Hälfte setzen und dann, knack, die obere Hälfte draufpressen. Sehr viele leere Kalorien, viel Zucker, viel Fett, aber das war uns damals egal. Politisch korrekt waren wir in Oberhessen aber zumindest: Einige von uns sind in dem Glauben aufgewachsen, dass der *Mohnkobb Mohnkobb* heißt, weil er schwarz ist wie der Mohn zum Backen. Und in der Gesamtschule Homberg (Ohm) haben zwei Klassenkameradinnen so manches *Läwwerwoschdbruud gäche'enn Mohnkobbwegg* getauscht.

Nicht zu vergessen den legendären *Schoggeloarebudding med Vanillesoos*: gerne genommen, wenn man krank im Bett lag. An Kindergeburtstagen war auch Waldmeistertorte mit Bananen auf dem Biskuitboden sehr beliebt, oder auch Torte mit Gummibärchen und anderem Weingummi, und zur Erdbeerzeit Erdbeerboden mit Schlagsahne. Die Erdbeeren aus dem eigenen Garten haben wir auch in eine Schüssel gegeben, kalte Milch darüber gegossen und etwas Zucker darauf gestreut, und dann mit der Gabel alles schön zerdrückt. *Ierebiern med Melch on Zogger*.

Grünellitorte

Grünellitorte gab es früher oft mit Bananen auf dem Boden, und die Masse kam oben drauf. Es geht aber auch ohne Bananen. Warnung: Wenn man das erste Stück aufgegessen hat, kann man nicht mehr aufhören.

Man nehme für den Biskuitboden:
zwei Eier,
je 75 Gramm Zucker und Mehl,
ein Päckchen Vanillezucker
und einen guten Teelöffel Backpulver

Eier und Zucker mindestens vier Minuten schlagen, bis eine cremige Masse entsteht. Dann das Mehl mit dem Backpulver unterheben. Die Masse dann in eine vorgefettete Springform füllen und bei 175 Grad Celsius circa 12 bis 15 Minuten lang backen. Abkühlen lassen und den Biskuitboden aus der Form lösen.

Man nehme für die Masse:
100 Gramm Zucker
1 Päckchen Vanillezucker
1 Becher Dickmilch
2 Päckchen grüne Götterspeise (Waldmeister)
1 Tasse Wasser
500 Milliliter süße Sahne.

Sahne und Vanillezucker in einer Schüssel steif schlagen und kalt stellen. Die Götterspeise mit etwas Zucker und dem Wasser in einem Topf vermischen und unter Rühren erhitzen, bis sich der Zucker aufgelöst hat. Nicht kochen lassen! Abkühlen lassen, bis es ganz leicht anfängt zu gelieren. Dickmilch und Zucker in eine Schüssel geben, die Götterspeise unterrühren und zum Schluss die geschlagene Sahne unterheben. Einen Tortenring auf den Boden setzen und nun die Masse auf den Boden schütten. Den Kuchen für mindestens fünf Stunden in den Kühlschrank stellen.

Saa mo

Welches Deiner Lieblingsgerichte hast Du schon ewig nicht mehr gegessen? Kannst Du es selbst zubereiten? Und Oberhessisch erklären? Wie könnte man Rezepte von früher verändern? Welche typisch oberhessischen Gerichte kennst Du? Was verstehst Du unter nachhaltiger Ernährung?

Off Owwerhessisch

Doas eas siss (süß), *gaans schie sauer* (ganz schön sauer), *saalsech* (salzig), *sè hääs* (zu heiß), *läbsch* (fade), *kaald* (kalt), *ogebraand* (angebrannt), *nit sè easse* (nicht zu essen), *gudd* (gut). *Ech huh Abbedidd. Ich huh Hungger!* Ich habe Appetit. Ich habe Hunger. *Du säisdn Schnoiwer.* Du bist heikel beim Essen. *Leass mech moo prowiern!* Lass mich mal probieren! *Kann ech des Debbe/die Schessel auslägge?* Kann ich den Topf/die Schüssel auslecken? *Kann ech dè Läffel obschlägge?* Kann ich den Löffel abschlecken? *Doodevoo krissde è babbich Schnuud.* Davon bekommst du einen klebrigen Mund. *Doas hodd geschmoachd.* Das hat geschmeckt. *Doas schmoachd gudd! Doa huh ech mech beläggd.* Da habe ich mich beleckt. Das war lecker! *Säisde nonnit soad?! Näi, ech will noch mieh!* Bist du noch immer nicht satt? Nein, ich will noch mehr! *Ech kann doa nit mieh droo. Ech sai's ores.* Ich kann da nicht mehr dran. Ich bin es satt. *Doa worrn die Aache werre mo krisser wie dè Moache.* Da waren die Augen wieder mal größer als der Magen (es ist etwas übrig geblieben). *Dai Zieh werrn als längger!* Deine Zähne werden immer länger. Du hast wohl keinen Hunger mehr?! Du kaust (*käwelsd*) lustlos. *Mach dain Deller lier, dann schaind die Sonn.* Mach deinen Teller leer, dann scheint die Sonne. Wer's glaubt, isst heute noch Rahmspinat.

Hosde doas gewossd?

Hast Du das gewusst? Oberhessisch zu kochen, kann man lernen. Es gibt die Koch- und Backbücher von Lore Brodhäcker, das Buch „Oberhessen. Die Gerichte meiner Kindheit" von Susanna Kolbe, Kochkurse bei den Landfrauen und die Rezepte, die der Mundartforscher Kurt Klingelhöfer aus Fernwald-Steinbach online gestellt hat. *Beu(re)lches* sind dabei, *Schalet*, ein ursprünglich koscheres, jüdisches Gericht, das in Oberhessen mit Speck verfeinert wurde, Kartoffelgemüse (*Kaddoffelgemies*), grüne Soße, „Platz", eine vegetarische Alternative zum *Saalzekùche*, allerdings mit Mohn statt mit Kümmel. Auf der Internetseite über Oberhessen wird auch Schnittlauchsoße zubereitet, „die oberhessische Variante der Frankfurter grie Soß" (è *bess-che Eel, Essich, Päffer on Saalz – on viel Schniddlauch*) zu gekochten Eiern und Salzkartoffeln (*Saalzschdegger*), *Spitzbouwe*, die die Menschen woanders Schupfnudeln nennen. Ein Spitzbube, wer an etwas Leckeres dabei denkt.

Auf zum Diktat!

Es ist Zeit, die Hefte rauszuholen. Ja, auch für Dich. Nimm Dir was zu schreiben und hör Dir an, was der Kinderbuchautor Heinrich Hannover 1968 auf Hochdeutsch und später unter dem Titel „Dat Pierd Huppdiwupp" auch auf Anklamer Platt (Niederdeutsch aus Vorpommern) geschrieben hat. Schreib ein paar Sätze oder Worte nach Gehör mit und lies danach unsere Version.

Unsere Lehrerin hat uns in der Grundschule „Das Pferd Huppdiwupp" diktiert. Auf *Pladd* (*Owwerhessisch*) hätte es ungefähr so geklungen:

Dè Gaul Hobbdiwobb

Es woar emo enn Gaul, der konnd oarch huuch gèhebbe. Drim hiss merrn dè Hobbdiwobb. Dè Hobbdiwobb schdann off dè Wess, awwer doa woar goar naut, woassemm huuch genungk woar zem Drewwerhebbe. Doa sääd dè Hobbdiwobb werre è Maus: „Mach emo enn gaans gruuse Boggel, ech will ewwer dech drewwer hebbe!" On die Maus deed sech ooschdrengge wie verreggd on mächd enn gaans gruuse Boggel, on dè Gaul Hobbdiwobb deed – hobbdiwobb – drewwer gèhebbe.

„Ach, du säisd joa viel sè kläi", sääd dè Gaul. Doa sichd sech dè Hobbdiwobb enn Hond. „Mach emo enn Boggel, ech will ewwer dech drewwer hebbe!" Awwer dè Hond woar aach viel sè kläi. Doa sääd dè Gaul werre è Kälbche: „Mach emo enn Boggel, ech will ewwer dech drewwer hebbe!" On es Kälbche deed enn Boggel mache – hobbdiwobb – deed dè Gaul Hobbdiwobb drewwer gèhebbe. Awwer es Kälbche woaremm aanoch sè kläi. Doa sääde Gaul werre è Kuh: „Mach emo enn Boggel, ech will ewwer dech drewwer hebbe!" On die Kuh dääd enn Boggel mache, on dè Gaul deed drewwer gèhebbe.

„Doas woar schu besser", sääd dè Hobbdiwobb, „awwer ech kann noch viel hicher gehebbe!" Doa hodd dè Gaul è Haus schdieh säih. Doas woar dè Omma ihr Häus-che, on die Omma sass groad baim Desch on ass Kùche med sisse Sahne. „Ech kann sou huuch gehebbe", sääd dè Gaul,

„ech will ewwer dè Omma ihr Haus gèhebbe." On dè Gaul mächd enn Oolaaf on heebd – hobbdiwobb... Awwer des Haus woar doch hicher, wie dè Hobbdiwobb hebbe konnd. Dè Gaul deed sech medde Bäi ean dè Fennsehandenn verherrern – rommskaddawomms! –, dääd doch woahrhafdech dorch die Dachzichenn sause on fill medde ean die Schdobb, wu die Omma sass.
Memmm lingge Virrerfuss deere ean dè Kakaudass lann, memm rechde eam Äbbelkùche, on memm lingge Hennerfuss plibb heh eam Melchdebbche schdegge on memm rechde Hennerfuss deere medde ean die sisse Sahne blommse.
„Kealle, Kealle, näi!", riff die Omma, „woas sai dè doas fier naue Moore?"
„Ai, joa", sääd dè Gaul, „ech wolld ewwer dai Haus gèhebbe on huh's nit gaans heankreeje."
„Ihr liewe Loid!", sääd die Omma, „dann winn merrsch nommo sesomme versiche, awwer iaschd mussde dech noch è bess-che schdärge."
„Doas eas gudd", sääd dè Gaul, „ech huh haud moije noch goar kenn Kaffie gedrungge."
Die Omma deeremm Gaul die sisse Sahne voom rechde hennere Fuss boddse, on dann assese sesomme doas, woas noch ewwerech woar.
„Edds fiehl ech mech awwer schdoarg", sääd dè Gaul, wie dè Kùche bes off dè lessde Krimmel offgegeasse woar.
„Joa, ech aach", sääd die Omma, „edds winn mer sesomme ewwersch Haus hebbe." On dann sassd sech die Omma off dè Gaul on deed die Dräbb nunner raire. Se deere noch enn grissere Oolaaf mache on – hobbdiwobb – dorch die Lofd gèsause.
Awwer – ech wääs nit, es kann gesai, desse doch è kläi bess-che zè viel sisse Sahne gegeasse harre – dè Gaul kreeg doas aach dissmo nit hean on plibb memm Bouch owe offem Schonnschdäi schdegge.
Doa deed dè Gaul nu offem Schonnschdäi voo dè Omma ihrm Haus gehängge, on die Omma sass owe droff. Zè iaschd deere se sech drewwer lusdich mache, die Omma deed sech drewwer froije, desse gugge konnd bes ean die anner Woch, on emm Gaul woarsch schie woarm om Bouch voom Raach. Awwer wail dè Raach nit mieh gudd ausem Schonnschdäi naus koom, geang unne ean dè Omma ihrm Haus dè Ouwe aus. On dann woarsch ongemiedlech doa owe. Zem Glegg koom groad dè Schonnschdäisfeejer im die Egg. Heh hodd è laangk Lärrer oogelehnd, on die Omma eas ènobb geschdieje.

Dè Gaul wolld gläich nommo ewwersch Haus gehebbe. Awwer die Omma hodd gesääd: „Näi, näi, ech daangk derr, awwer edds eas dè Ouwe aus on dè Kùche all on es Dach kabodd. Fier haud scheggd merrsch.“

Rore mo

Was war Heinrich Hannover im Hauptberuf: A. Ein berühmter Strafverteidiger, ein Menschenrechtsanwalt. B. Grundschullehrer in Gießen und in seiner Jugend als Leichtathlet (Hochsprung) die Bremer Olympia-Hoffnung. C. Hausfrau in Oberhessen, denn Heinrich Hannover ist eines der Pseudonyme, unter denen Frieda Bücking aus Alsfeld Kinderbücher veröffentlicht hat. D. Polizeibeamter im Streifendienst. Mit B und D liegst Du genauso falsch wie mit C. Frieda Bücking (1853-1925) aus Alsfeld hat ihre Reiseberichte aus der Schwalm und Südeuropa in der Frankfurter Zeitung unter ihrem eigenen Namen veröffentlicht, auch wenn viele Deutsche Anfang des 20. Jahrhunderts lieber Texte von Männern gelesen und sich über alleinreisende Fabrikantengattinnen die Mäuler zerrrissen haben. Sie war nicht die einzige Alsfelder Autorin ihrer Zeit: Die fast gleichalte Henny Koch (1854-1925), die mit einer verwitweten Tante nach Jugenheim gezogen war, übersetzte unter anderem „Huckleberry Finn" von Mark Twain ins Deutsche. Aber auch mit eigenen Romanen für junge Mädchen war sie sehr erfolgreich. Eine Website erinnert an sie, außerdem vergibt der Soroptimist Club in Seeheim-Jugenheim seit 2021 einen Preis in ihrem Namen an erfolgreiche Schülerinnen. Und Heinrich Hannover? War Strafverteidiger und hat in Bremen seinen sechs Kindern vom Pferd Huppidiwupp, der Mücke Pieks, dem Herrn Nein und dem Hasen Puschelschwanz erzählt und die Geschichten dann aufgeschrieben. Als Buch sind sie 1968 in Österreich erschienen, aber da kamen sie nicht so gut an. In Deutschland, wo der Rowohlt Verlag sie 1972 in der neuen Rotfuchs-Reihe veröffentlichte, waren sie sofort ein Riesenerfolg. Inzwischen sind sie mehr als 750.000 Mal verkauft worden. 2002 ist eine neue Ausgabe herausgekommen. Die Illustratorin von damals, Selda Marlin Soganci, hat 2017 auch die farbige Neuauflage gestaltet.

Off Owwerhessisch

Anstelle von Frühstücken sagen viele Leute Kaffeetrinken (*Kaffie dreangge*). Das Frühstück (*Friehschdegg*) ist das zweite Frühstück am späten Vormittag oder das Brot, das jemand zur Arbeit mitnimmt. *Merr winn emo friehschdegge*. Wenn jemand nachmittags jemanden zum Kaffee einlädt, *ech lodd dech zem Kaffie ean*, steht auch Kuchen auf dem Tisch, im Alltag keine *Toadd* (Torte). Es wurde das eine oder andere *Schdegg(el)che* Napfkuchen oder Blechkuchen oder ein *Schdeggche* (Stückchen, Teilchen, in Ober-Gleen seit gut einem halben Jahrhundert auch Nussschiffchen vom Kirtorfer Bäcker, der mit einem Auto durchs Dorf fährt). Wer *zem Easse* eingeladen wird, sollte mittags kommen und *Abbedidd* mitbringen. Das Abendessen ist das *Owendeasse*. Omas Haus ist *dè Omma ihr Haus*. Huppdiwupps Wiese ist *emm Hobbdiwobb sai Wess. Merre oder medde* (mitten) oder *ean dè Medd* oder *meddech? Hebbe oder gèhebbe* (springen, hüpfen)? Alles geht. Wird etwas gesteigert, dann zum Beispiel mit *oarch* (arg) oder mit *modds* (mords). Der Superlativ, die höchste Stufe, wird mit „*dè*" gebildet, wenn im Hochdeutschen „am" davor käme: *schie, schinner, dè schinnsd* (schön, schöner, am schönsten). *Dè schinnsde Gaul* (das schönste Pferd). Erstaunen kann man ausdrücken mit „*Kealle, Kealle*" oder mit „*ihr liewe Loid*", „*du liewes Bess-che*", „*säisd verriggd*" (bist verrückt), „*menn liewer Scholli*", „*menn liewer Schiewer*" oder mit: „*Joa, schäis dè Hond offs Foijerzoig!*" Starrt jemand ins Leere, fragt man: *Guggsde zwie Sonndoag ean die anner Woch?* Also ist aus der Aussicht, die die Großmutter genießt, ein Blick in die nächste Woche geworden. *Doa brouchsde Nerwe wie Droadsääler*. Da brauchst du Nerven wie Drahtseile.

Owengliejer Abc

Wir schreiben Mundart, wie wir sie in Ober-Gleen sprechen. In den Nachbardörfern Heimertshausen, Arnshain, Wahlen, Maulbach, Lehrbach, Ehringshausen, Ohmes und Angenrod klingt Oberhessisch ein bisschen anders, auch in Städtchen und Städten wie Kirtorf und Alsfeld. In Marburg und Gießen sowieso, und im hohen Vogelsberg rollt das R den Menschen ungefähr so über die Zunge wie manchen Leuten aus dem Mittleren Westen der USA. Jeder Ort hat seine sprachlichen Eigenheiten und auch ein paar Spezialausdrücke. Trotzdem könnten wir uns verstehen, wenn wir einander lange genug zuhören. Auch die Plattschnacker aus dem Norden, die *Pälser* (Pfälzer) und die *Frankfoadder* (Frankfurter) haben eine Chance!

Auf manchen Internetseiten und auf Youtube (Stichwort: Oberhessische Mundarten, verlinkt über die persönliche Website von Kurt Klingelhöfer aus Fernwald) kann man sich anhören, wie oberhessische Mundart klingt. Zum Beispiel auf der Seite von Wernges, auf der Seite von Bernd Strauch aus Gießen (Stichwortsuche: Oberhessisch), Schneewittchen und die sieben Zwerge auf Oberhessisch von Herbert Loch aus Mücke-Ruppertenrod (der inzwischen im Norden wohnt und trotzdem weiter oberhessische Bücher schreibt, das neueste Werk heißt „Voo Ääre bes Zwulch. Wäi die Aale noch schwassde. Ein Wörterbuch un mehr"), als Buch und Hörbuch erhältlich, gelesen von Anja Zimmer (auf der Website des Frauenzimmer Verlages). Das Vogelsberger Trio „Halb 6" singt auf Youtube. Olaf Kromm aus Ortenberg verschickt Video-Clips über Messenger Dienste (nachzulesen auf der Website von Elke Kaltenschnee aus Büdingen). Und wer Kontakte sucht, kann sich an den Dachverband MundArt wenden, der natürlich auch eine Website hat.

Im Abc fehlen Buchstaben aus dem hochdeutschen Alphabet, und es gibt Kombinationen, die es sonst nirgends gibt. Doppelselbstlaute (Doppelvokale) werden grundsätzlich zusammengezogen, nicht einzeln gesprochen, selbst wenn sie zu dritt daherkommen. Tipp: Im Zweifel einfach etwas schneller sprechen. Und auch mal einen Selbstlaut verschlucken.

A: kurz wie in *Kaddoffel* (Kartoffel), *Kadds* (Katze) und *Dangk* (Dank), *als* (ständig, Steigerung: *als on als*, weiterer Ausdruck: *o enner Dur*, an einer Tour), *alsemo* (manchmal), *allewail* (jetzt), *kannsde* (kannst du. *Doa kannsde Sie dèzu saa*. Das kannst du siezen. Das hat Stil oder Qualität, manche sagen auch: *dou* statt *doa*).
AA: lang wie in *laangk* (lang) oder *Raa* (Regen, es *kimmd Raa off*, es kommt Regen auf, es *headd nit off zè raan*, es hört nicht auf zu regnen), *kraangk* (krank), *klaanern* (über Eis schlittern). *Schaangk* (Schrank). *Doas läid doa heanne, Egg-bai-Schaank*. Das liegt ganz hinten in der Ecke. *Haand* (Hand). *Doa kennder ouch die Haand gäwwe*. Da könnt ihr euch die Hand geben (das verbindet euch). *Baaf die Dier nit sou zu!* Knall die Tür nicht so zu! *Laand* (Land). *Kaanel* (Dachrinne). *Der eas sou laangk, der kann aus dè Kaanel gesoufe* (der ist sehr groß). *Du säisd sou domm, wie dè laangk säisd* (du bist sehr dumm). *Saawer* (sauber). *Der eas nit gaans saawer* (der ist nicht ganz sauber, der hat sie doch nicht mehr alle)!

Ä: *mächd naut* (macht nichts), *Vierhäng* (mit betontem G am Ende, Vorhänge), *käwenn* (mit Mühe kauen), *Mädche* (Einzahl: das Mädchen), *Märrerchen* (Mehrzahl: die Mädchen), *Ärwed* (Arbeit), *ärwenn* (arbeiten). In Karl Brodhäckers Buch „Alsfelder Platt“ steht der schöne Satz (jetzt auf Ober-Gleener *Pladd*): *Die Ärwedd eas kenn Froosch. Die hebbd nit foadd*. Die Arbeit ist kein Frosch. Die hüpft nicht weg. Und *Ärwell* wird dort als Mengenangabe (ein Arm voll) genutzt. *Hännsche* (Handschuh, aber auch: Mensch ohne Mumm).
ÄÄ: *Fräa* (Frau, Mehrzahl: *Waibsloid*, Weibsleute), *Kraangkhääd* (Krankheit, manche sprechen es auch *Kraangkedd* aus). *Die besd Kraangkhääd dauchd naut*. Die beste Krankheit taugt nichts. *Hää*. Heu.
AI: *Ai, guggemo!* Ei, guck mal! *Aiaiaiaiaiaiai!* Großes Erstaunen, Bestürzung. Bai (bei, aber auch zu: *Bai ins deheem*. Bei uns daheim. *Ech gieh mo bai die Erna*. Ich gehe mal zu Erna).
ÄI: *äi* (eine), *kläi* (klein), säiche (pinkeln). *Säich on lääg dech* (geh pinkeln und leg dich ins Bett)! *E Debbe fier sewwe Gesäich* (meint: ein großer Nachttopf).
AU: *dausich* (1000), *Auer* (Uhr), *auern* (euer), *auer* (unsere), *auer Auer* (unsere Uhr), *nau* (neu), *naue* (neue), *Naues* (Neues), *naut* (nichts). *Gefilld Kraud* (gefülltes Kraut, Weißkraut mit Hackfleisch). *Sau* (auch für Säue,

Sauschdall, Saustall, und zur Verstärkung eines Schimpfwortes).

B: am Anfang und in der Mitte des Wortes weich wie in *Beld* (Bild), *Baam* (Baum), *Beem* (Bäume), *broare* (braten), *boare* (baden), *brommbenn* (sich beschweren), *Board* (Bart, auch ein sprichwörtlicher Bart, *der brommbeld sech woas eann dè Board*, der redet nicht deutlich, *wemm im dè Board gieh*, jemandem um den Bart gehen, schmeicheln), *biere* (bieten), *boddse* (putzen), *bagge* (backen), *baue* (bauen), *bolseschdragg* (bolzengerade, jemand, der sehr wenig Gefühl zeigt) oder *Bosse* (Possen, Scherze). *Die Scheffin mächd Bosse*. Die Chefin scherzt. *Buwe* (Buben), *Bonn* (Brunnen), *Bunn* (Bohnen), *Bunnschdang* (Bohnenstange, große Frau, für Männer: *Luladdsch*) *Schdanggebunn* (Stangenbohnen), *Schnebbelbunn* (Schnippelbohnen), *boarwess* (barfuß, *med boarwesse Fiss*), *Biwel* (Bibel), *bedrebbeld* (betröppelt). *Bebbche* (Püppchen beim Mensch-ärgere-dich-nicht), *Biebche* (Kosewort fürs Huhn). *Brudsch* (Flunsch). *Brudschschdäi* (steinerne Schwelle mit vorstehender Kante am Hauseingang). *Besser sai, woas Bessesch sai* (besser sein, etwas Besseres sein). *Du säisd naut Bessesch!* Du bist nichts Besseres. *Boggel* (Buckel). *Riddsch merr mo dè Boggel nobb!* Rutsch mir mal den Buckel hinunter! *Bond* (bunt, manche sagen auch: *bondech*). *Bekaannd wie enn bonde Hond* (bekannt wie ein bunter Hund, sehr bekannt. In Alsfeld war das zum Beispiel der *General Bonnsobb*, in Maar die *Määrer Fraa*, wie die Maarer Frau im dortigen Dialekt heißt). *Bleed* (blöd). *Bledche* (Untertasse). *Bläddche* (Blättchen, die Zeitung). *Blärrer* (Blätter). *Brähl* (Gebrüll). *Bedubbe (*hereinlegen). *Bagaasch* (Bagage, Pack). *Bajass* (Bajazzo, Narr). Am Ende eines Wortes ist das B eher hart, ersetzt ein F wie in *Prieb* (Brief).

BB: *Babbe* (Pappa), *Obba* (Opa), *Babb(e)däggel* (Pappdeckel), *Babbegai* (Papagei), *Bibbel* (Popel), *Bebbes* (Erkältung), *Bombes* (Furz, Kindern gegenüber benutzt). *Sobb* (Suppe), *Bobb* (Puppe), *dabbe* (tappen), *Dabbe* (Fußabdrücke. *Mach merr käi Dabbe ean Eann.* Lauf nicht mit schmutzigen Schuhen durch den geputzten Hausflur). *Sech kabbenn* (sich streiten, aber nicht ernsthaft). *Schebb derr nommo off* (Nimm/schöpf dir noch was aus dem Topf oder Schüssel). *Schebb* (schief). *Doas gedd schebbe Hoiser* (das gibt schiefe Häuser, das gibt Ärger). *Kabb* (Kappe). *Schloafkabb* (Schlafmütze, träger

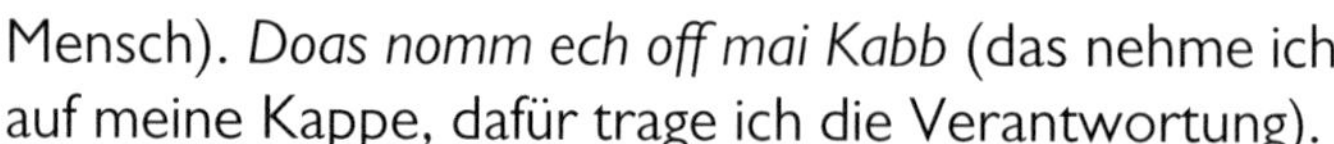
Mensch). *Doas nomm ech off mai Kabb* (das nehme ich auf meine Kappe, dafür trage ich die Verantwortung).

CH: *Sache* (Sachen), *lache* (lachen), *bess-che* (bisschen), *Froindche* (Freundchen!), *Schdeggelche* (Stückchen), *Muhanns-che* (Kosewort für die Kuh), *Biebche* (Hühnerküken), *Wudds-che* (Ferkel), *Miens-che* (Kosewort für die Katze), *Gänns-che* (Gänschen, früher auch für weibliche Jugendliche, Steigerung: *Schniegaans* – Schneegans), *Wullercher* (Entchen oder Gänschen, Dorfname der Menschen in Heimertshausen).

D: *Derrflääsch* (Dörrfleisch). *Der sehd aus wie emm Duud senn Dörrflääschraisende* (der sieht aus wie der Dörrfleischreisende des Todes – der sieht schlecht aus). *Derrabbel* (Dörrapfel), *Deeds* (Kopf), *Donnsel* (Schimpfwort für Mädchen und Frauen, aus dem Italienischen: donzella), *duh* (tun), *daisder* (durcheinander), *Dudd* (Tüte und Dutt, der allerdings eher *Kneadds* genannt wird), *Dannewodds* (Tannenzapfen), *Dormel, Dormeldier* (Schimpfwort für Jungen und Männer), *es drebbeld, es draddeld, es drädschd* (es tröpfelt, es tröpfelt stärker, es regnet stark), *dusber* (duster). *Doaf* (Dorf). *Deafer* (Dörfer), *dreeme* (träumen). *Ech glääb, dess derrsch dreemd* (ich glaube, dass es dir träumt, du spinnst wohl)! *Dense* (ziehen), *drennse* (jammern), *därme* (jemand etwas eindringlich erklären, *ech huh semm gedärmd*, ich habe ihm das klargemacht). *Dochder* (Tochter, Schwiegertochter: *Schwiejerdochder*).

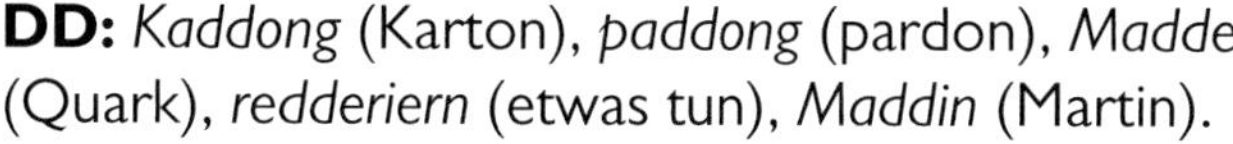
DD: *Kaddong* (Karton), *paddong* (pardon), *Madde* (Quark), *redderiern* (etwas tun), *Maddin* (Martin).

DS: ersetzt oft tz wie in *sedse* (setzen). *Die Loid sedse sech. On doa sassese.* Die Leute setzen sich. Und da saßen sie. *On doa sassese lang gudd.* Meint: Und es war für mich oder die Leute in Ordnung, dass sie da saßen. Es wurde kein großes Aufhebens davon gemacht.

E: *Egell (Ekel), egellech (eklig, auch gemein). ehnder* (eher), Elsa (nach Elsa Eislöffel, der körperlich behinderten Enkelin eines Ober-Gleeners, die in der Nazizeit in Hadamar umgebracht worden ist, soll eine Straße oder ein Weg auf dem Gelände der Nieder-Ramstädter Diakonie benannt werden, wie Ahnenforscher Matthias Eislöffel berichtet).

EA: *Kealle* (Kerle, Steigerung als Aufruf: *Kealle, Kealle*! Oder: *Kealle, Kealle, näi*!), *ean* (in) *Seann* (Sinn), e und a werden zusammengezogen und schnell gesprochen, nicht wie e-a. *Keand* (Kind), *Keann* (Kinder, nicht zu verwechseln mit *kenn* für kennen oder können). Karl Brodhäcker hat folgenden Zungenbrecher überliefert (hier im Ober-Gleener Dialekt): *Kommd ereann, ihr Keann, es sai noch mieh Keann deann!* Kommt herein, ihr Kinder, es sind mehr Kinder (hier) drin!

EE: *Eemer* (Eimer). *Doas bassd wie Oasch off Eemer* (das passt ganz genau). *Eenich* (einig). Und anstelle von Ö: *Keenich* (König) oder *Gedees* (Getöse, Streit, Nerverei), es *deed raan* (es regnete, wörtlich: es tat regnen).

È: wie im Französischen, eher ein Räuspern oder Hüsteln: è (ein), *èwingk* (etwas), *èsdèmiern* (respektieren), ewè (eben).

F: *frai* (frei), *Flabbch* (ungezogener Mensch), *flabbschech* (ungezogen), *fladdchern* (flattern, auch schlagen), *foirich* (die *Kuh memm foirech Schwaans*, die Kuh mit dem feurigen, also brennenden Schwanz, war ein weiterer Kinderschreck, Siggi erzählt davon auf einer unserer O-Ton-CDs), *Frollain* (Fräulein! Entspricht im Ton: Freundchen!), *Fandasd* (Fantast, Schimpfwort, *du säisd enn schiene Fandasd*, du bist ein schöner Fantast). *Fäng* (Schläge), *Färrer* (Feder), *Färrerwesch* (Federwisch, ein Gänseflügel zum Fegen großer Öfen), *fissen* (nieseln), *flenn* (weinen), *Froas* (Fraß, im Unterdorf: *Gefilld Kraut*, eine Mischung aus geschichtetem Weißkraut mit Hackfleisch, zu der Salzkartoffeln gereicht wurden), *Funnsel* (Funzel), *foadd* (fort – das Wort weg gibt es im Platt nicht, siehe das Lied „*E Frankfoadder Hinggel*"), *Foadds* (Furz). *Die hodddoch enn Foadds vèkweer* (Die hat doch einen Furz verquer, die ist nicht gut drauf). *Feazz* (Fürze, aber auch: Unsinn, *die hodd naut wie Feazz eam Kobb*, die hat nur Unsinn im Sinn, Steigerung: *Feazz medd Krigge*, Fürze mit Krücken, siehe auch das Maarer Wörterbuch, herausgegeben vom Kultur- und Heimatverein Maar).

FF: *Aff* (Affe, *wie dè Aff offem Schläifschdäi*, wie der Affe auf dem Schleifstein, ungeschickt), *Kaffie* (Kaffee), *Raffel* (Gebiss). *Geraffel* (Zeug).

G: *geddsenn* (kichern), *Gehannsbiern* (Johannisbeeren), *Gèlenerts* (Geländer), *Gedees* (Ärger, Streit), *goagse* (aufstoßen), *Goags* (Rülpser), *goarschdech* (garstig), *gougenn* (gaukeln), *Gelerr* (Zeug ohne Wert, auch: *Gelomb*), *Geresd* (Gerüst), *Gereesde* (Geröstetes, *der gidd merr offs Gereesde*, der nervt mich). *Gewerrer* (Gewitter, Fluch: *Ai, Gewerrer!* Steigerung: *Gewerrer, nochemo!*). *Gewerreroos* (Gewitteraas). *Gorjel* (Gurgel), *graggenn* (mit Mühe klettern), *graggelich* (krakelig). *Greffel* (Griffel, auch Finger), *Guudsje* (Süßigkeit). *Gemäi* (Gemeinde, in

Ober-Gleen auch eine abschüssige Straße). *Gnaadsch* (Matsch, aber auch Streit). *Gaisd* (Geist). *Ech huh haud kenn Gaisd* (ich habe heute keine Energie, keinen Antrieb). *Gäis* (Ziege). *Doas eas off menner Gäis gererre* (das ist auf meiner Ziege geritten, das ist auf mich gemünzt). *Gilb* („Das ist ein dickbauchiges Tongefäß mit Henkel und schmalem Hals", erklärt Gerda Dluzenski; *Meddes* Gerda. „Damit haben die Frauen das Trinkwasser aufs Feld gebracht"). *Geschääd* (gescheit), *geschedd* (geschieden).

GK: *genungk* (genug), *Deangk* (Ding, auch Kosewort für Mädchen)

GG: *Unggl* (Onkel), *fangge* (fangen), *seangge* (singen), *dangge* (danke), *dengge* (denken), *Enggl* (Enkel), *Enggel* (Engel), *Enggels* (Dorfname einer der Familien Schneider in Ober-Gleen), *Menggelgell* (Durcheinander, Umstände, kommt von Menkenke, Herkunft ungewiss). Ersetzt auch das ck: *gugge* (gucken), *schbugge* (spucken), *schbigge* (spicken), *hogge* (hocken), *hoggenn* (Huckepack tragen). *Ronggè* (großes Stück, vom Brot zum Beispiel, das *ewwern Lääb*, über den Laib, geschnitten wurde).

H: *huh* (haben), *harrech* (hatte ich), *hoddech* (hurtig), *hieh* (hier). *Hoddseblodds* (Hotzenplotz, ungehobelter Mensch), *himmenn* (himmeln, etwas kaputtmachen), *huddenn* (etwas nicht ordentlich machen), *huddelech* (nicht ordentlich), *Hoarnull* (Haarnadel). *Holler* (Hollunder). *Hollersafd* (Hollundersaft), *hormenn* (schwindelig). *Mir eas hormelech* (mir ist schwindelig). *Dir hormeld's wohl* (Du spinnst wohl)! *Hechenn* (hecheln, wie früher den Flachs oder schnelles Atmen, *die huh woas dorchgehecheld*, die haben über alle möglichen Leute und Themen hergezogen). *Hond* (Hund). *Kimmsde ewwern Hond, kimmsde ewwern Schwaans* (kommst du übern Hund, kommst du übern Schwanz, meint: Das schaffst du auch noch oder auch: Das gehört alles dazu). *Hääse* (heißen, aber auch anweisen). *Die hodd mech alles koazz on laangk gehääse* (die mich alles kurz und lang genannt, die hat mich übel beschimpft). *Doas huh ech dech nit gehääse* (das habe ich dich nicht geheißen, das habe ich dir nicht befohlen).

I: *insè* (unser), *inser* (unsere), *ins* (unser, neutral), *Iwwel* (Übel) *Ingge* (Inge), Tilli (für Mathilde). *Imschdaand* (Umstand). *Ech will derr käi Imschdänn mache. Mach derr käi Imschdänn!* (Ich will dir keine Umstände machen.

Mach dir keine Umstände). *Imschdaanskreemer* (Umstandskrämer, umständlicher Mensch).

IE: *Owenglie* (Ober-Gleen), *Miele* (für Emilie), *mieh* (mehr), *Mieh* (Mühe), *fier* (für), *vier* (vor, nicht zu verwechseln mit *vicher*, vier).

J: wie in *Owengliejer* (Ober-Gleener), *jung* (jung). *Joa* (ja, aber auch wie doch oder sehr wohl gebraucht: *Du hosd doas joa gesääd!* Du hast das sehr wohl gesagt!)! Gerne auch als Bestätigung: „*Ai, joa!*“

K: *käis* (eigentlich neutral: keins, für das hochdeutsche Wort keiner), *Kees* (Käse) *Keeskisd* (Kiste, in der Käse zum Markt gebracht wurde. *Doas kimmd nit ean die Keeskisd* – das kommt nicht infrage). *Kolder* (Decke). *Kombe* (große Tasse, Gefäß, auch *Kibbche*). *Komb* (Brunnen, *Kombels*: Ober-Gleener Familie, die in der Nähe des Dorfbrunnen wohnt). *Krafaane mache* (sich anstellen). *Kieh* (Kühe), *Kälwer* (Kälber), *Keach* (Kirche), *Keachowed* (Friedhof). Das K ersetzt manchmal auch das ch wie in *Krisdel* (Christel) oder *Kloon* (Clown). *Kloar wie Gliesbrieh.* Klar wie Kloßbrühe (kann das Gegenteil meinen, denn das Wasser, in der die Klöße gekocht worden sind, ist nicht klar). *Konne* (Kerl, komischer Kerl). *Krisskeand* (Christkind, brachte die Weihnachtsgeschenke, bevor es den Weihnachtsmann gab). *Kressdche* (Krüstchen, die Mehrzahl *Kressdercher* steht für alte Frauen und ist eher abfällig gemeint), *Krisch* (Schrei/e). *Krisch duh* (schreien). *Krodd* (Kröte). *Kroddse* (Krotzen, *Äbbelkroddse*, Apfelkrotzen, Kerngehäuse des Apfels, *kläine Kroddse* sind Kinder), *koddselech* (verwirrt, verknäult – nur beim Haar). *Kobb* (Kopf). *Knobb* (Knopf). *Knebb* (Knöpfe). *Knebbel* (Knüppfel). *Kräbbel* (Krapfen, Berliner). *Krebbel* (Krüppel, häufig auch als Schimpfwort benutzt). *Knäibche* (Küchenmesser). *Knaibe* (Kneipe, früher sagte man *Weaddschaft*). *Knärweller* (einer, der undeutlich spricht). *Knodderer* (einer, der meckert), *knoddenn* (meckern). *Ai, woas knodderschde dann als* (Was hast du denn die ganze Zeit zu meckern)? *Kläbbenn* (mit der Gabel schlagen, zum Beispiel Eier).

KW: ersetzt das qu: *Kwaal* (Qual), *kween* (quälen), *Kwell* (Quelle), *Kwellkaddoffenn* (Quell- beziehungsweise Pellkartoffeln), *kwenn* (quellen), *kwerch* (durcheinander, *ech sai gaans kwerch, die huh mech kwerch gemoachd* – ich bin ganz durcheinander, die haben mich durcheinander gebracht), *vèkwer* (verquer), *ewwerkweern* (überqueren), *Kwiss* (Quiz), *Kaulkwabb* (Kaulquappe), *Kwer-dorch-dè-Goadde* (Quer durch den Garten, Gemüsesuppe).

L: *Liewe* (Liebe), *Labbe* (Lappen), *Labbeoasch* (Lappenhintern, Schimpfwort), *Leng* (Gang zwischen zwei Häusern, *ean dè Leng*, in dem Gang), *langge* (etwas holen, aber auch jemanden schlagen: *Lang merr moo dè Eemer.* Hol mir mal den Eimer. *Ech hu-emm äi gelaangd.* Ich habe ihm eine geschmiert.). *Lärrer/Ledder* (Leiter). *Lerrer* (Leder). *Liehrer* (Lehrer, auch *Schullliehrer*). *Lier* (leer). *Leerech* (ledig). *Lais* (leise, sanft). *Die eas nit lais gebagge.* Die kann laut werden. *Lasd* (Last). *Doa huh ech mai Lasd med mir.* Da habe ich meine Last mit mir, ich kann nicht noch mehr auf mich nehmen. *Dè lesd* (zuletzt). *Dè Lesde, die Lesd* (der Letzte, die Letzte). *Ech woar schu mie debai, wu dè le(d)sde naut kreeg.* Ich war schon mehr dabei, als der Letzte nichts bekam. Ich bin schon öfter zu kurz gekommen.

LL: *gelle* (nicht wahr?), wird allerdings oft am Ende eines Satzes zu: *gè.*

LW: *Olwel* (unmöglicher Mensch, auch *Olwlskobb*).

M: *mo* und *mol* (mal, einmal: *emo*). *Mehl* (Mühle), *Mähl* (Mehl), *Meller* (Müller), *Mellesch* (Müllers, Dorfname der Ober-Gleener Familie Korell), *moahn* (mahlen), *moan* (malen). *Ean dè Mehl weadd Frichd gemoahn. On doas gedd Mähl.* In der Mühle wird Getreide gemahlen. Und das gibt Mehl. *Moalemo è Mehl!* Mal mal eine Mühle! *Monn.* Morgen. *Monnsemoije.* Morgen früh. *Maläsde* (Schwierigkeiten, aus dem Französischen: Malaise), *Mäad* (Markt), *Muffel* (einen Mund voll, *Kamuffel* – schlechtgelaunter Mensch). *Mache* (machen). *Sech mache* (sich bewegen, *ech mach mech foadd*, ich gehe weg). *Mach Sache* (Ausruf: Mach Sachen)! *Woas mächsd du fier Sache* (was machst du für Sachen)! *Mach's annerschd* (ändere es, bedeutet aber das Gegenteil: Da ist nichts zu machen). *Mannsloid* (Männer, in der Einzahl wird gesagt: *enn Kealle*, ein Kerl, oder *enn Mannskealle*).

MB: *Hannebambel* (Mensch ohne Antrieb), *Bambelkudsch* (Schlitten, die aneinander gebunden sind), *Ambel* (Ampel).

MM: *Mamme* (Mama). *Omma* (Oma).

N: *Nobbeadd* (Norbert), *Nääl* (Nägel, *Fussnääl,* Fußnägel). *Nääl med Kebb mache* (Nägel mit Köpfen machen). *Dere huh ech die Nääl geschnerre* (sagt Helga Felsing aus Alsfeld, wenn sie einer Frau die Meinung gesagt hat, die

Ober-Gleener Variante ist: *Die huh ech schdragg geschdaald.* Die habe ich geradegestellt.). *Noddse* (nützen), *Nerschel* (Kopf).

NN: *fann* (fallen), *gèfann* (gefallen), *kenn* (können oder kennen), *Sonn* (Sonne), *insenn* (unser), *suggenn* (saugen)

O: *Oddo* (Otto), *ongereggIech* (ungeschickt), *Orjel* (Orgel), *Oss* (Ochse, Steigerung als Schimpfwort: *Honnoss*, Hornochse). *Offload* (Unflat, Schimpfwort, männlich). *Ech huh merr dè Kobb oogeronn.* Ich habe mir den Kopf gestoßen. *Offgewärmdes* (Aufgewärmtes, gab es für viele Kinder nach der Schule). *Pauls Kall* aus Ober-Gleen hat den Satz „*Doa owe offem Ouwe läid enn Schoofsbroare, med Knowwelouch on Schbägg, komm, Voadder, widde aach è Schdegg*" in vielen benachbarten Mundarten wiederholt: „*Do öwe offem Öwe...*" Wie klingt das bei Dir?

OA: *Oam* (Arm, Arme), *oam* (arm), *Foahrd* (Fahrt), *Voadder* (Vater), *Moadder* (Mutter). *Doas eas è Ärwed fier enn, der Voadder on Moadder erschloo hodd.* Das ist eine Arbeit für einen, der Vater und Mutter erschlagen hat. Meint: Das ist eine harte Strafe, eine unzumutbare Arbeit. *Affegoad* (Advokat, eingebildeter Mensch).

OI: ersetzt eu und äu. *Loid* (Leute), *loire* (läuten), *geschoid* (gescheit), *geschoire Loid* (gescheite Leute), *Boirel* (Beutel).

OIJ: *Foijer* (Feuer). *Gemoije!* Guten Morgen (auch für: Endlich hast du's kapiert! Auch in der Form: *Allewail weadd's Doag!*).

OO: *Hoop* (Hof).

OU: *sou* (so).

P: *Paadie* (Party), Paul, *Peder* (Peter), *Prieb* (Brief, P ersetzt das harte B), *ploddse* (rauchen). *Preering* (Predigt), *Plugg* (Pflug), *puddenn* (etwas verschütten, eine Pfütze hinterlassen). *Du hosd werre gepuddeld!* Du hast wieder etwas verschüttet! *Piddsch* (Pfütze). *Pull* (Jauche, auch: *Schdrodds*). *Plaiwe* (bleiben, *du pläibsd hie*, du bleibst hier). *Joa, du kimmsd med, wann merr werre mo deheem plaiwe* (ja, du kommst mit, wenn wir wieder mal daheim bleiben, hat man laut Andrea Vogel aus Dreihausen, der Autorin von „Mir schwätze Platt", früher zu Kindern gesagt, die unbedingt mitwollten), *Paldin* (Schultertuch, langer Schal, aus dem Französischen, geht wohl auf eine Mode zurück, die eine Pfälzer Prinzessin, Elisabeth Charlotte, im 17. Jahrhundert mit an den französischen Hof gebracht hatte).

R: wird nicht stark gerollt. *Rannse* (Ranzen, auch: dicker Bauch), *Raansberch* (Ransberg, der Berg von Ober-Gleen, Naturschutzgebiet), *Regadd* (Respekt, von le regard, der Blick, eines der vielen aus dem Französischen stammenden hessischen Mundartworte, siehe auch den Beitrag von Hermann Groß auf der Internetseite des Burgvereins Königstein: Franzeesisch uff Hessisch. Eine kleine Erläuterung über die Einflüsse des Französischen auf die Hessischen Mundarten). *Riesderbruud* (Röstbrot).
RR: *Gurre!* Guten! Dieser Gruß geht ganztags, wie das norddeutsche Moin. *Brurrer* (Bruder). *Brirrer* (Brüder).
S: *Sanne* (für Susanne), *Suse* (Dorfname einer der Ober-Gleener Familien Kirchner), *simmeliern* (nachdenken). *Sellemo* (damals), *seld* (dort). *Sohn* (Sohn, Schwiegersohn: *Schwiejersohn*).

SCH: *Schessel* (Schüssel), *Schoisel* (Scheusal, *aald Schaisel*), *Schiss huh* (Schiss haben, Angst haben), *zem Schiss huh* (verscheißern, vereimern), *schlächd* (schlecht im Sinne von zu gut), *schloachde* (schlachten), *Schier* (Schere), *schnaire* (schneiden), *Scheannpladd* (verheilende Wunde, zum Beispiel am Schienbein), *schmaise* (werfen, *der hodd mech med erjendwoas geschmesse*, der hat mich mit irgendwas beworfen), *Schaude* (Person, für die man sich schämt, das Wort stammt aus dem Jiddischen, siehe O-Ton von Herbert Sondheim im Hörbuch „*Jiddisch Leben*"), *sech scheggech lache* (sich kaputtlachen), *schembe* (schimpfen, *die hodd mech geschembd*, die hat mich geschimpft, auch: sich nennen, *der schembd sech...*), *sech schdenn* (sich stellen, *ech schdell mech viern Schbichel*, ich stelle mich vor den Spiegel, Vergangenheitsform: *ech huh mech geschaald*), *schdenn* (stellen, *ech schdell dè Kùche off dè Desch*, ich stelle den Kuchen auf den Tisch, *ech huh die Auer geschdaald*, ich habe die Uhr gestellt), *schenn* (schelten, *der hodd mech geschonn*), *scherrenn* (schütteln), *scherre* (schütten. *Scherremo die Kaddoffenn ob!* Oder: *Schedd die Kaddoffen ob!* Das *mo* für mal macht den Unterschied bei der Aussprache), *Schlawiddche* (Schlafittchen), *Schlibbche* (kleine Schleife), *Schlabbe* (Schlappen, Hausschuhe, für *Endesche Kall*: *Schlebber*), *Schlebber* (Schlepper, Traktor, häufig *Bulldogg*), *Schlibber* (Schlüpfer), *schlobbe* (schlüpfen), *Schmess* (Schläge: *Der hodd sai Schmess kreeje*. Der ist verhauen worden). *Schnowwel* (Schnabel). *Schnoiwer* oder *Schnäiber* (beim Essen wählerische Person), *schnoggenn* (Süßes essen), *schoggenn* (schaukeln, meist

auf dem Schoß), *schersche* (angestrengt schieben). *Schnuudche* (kleiner Mund), *Schbenggenggel* (Spinnerei), *schbeng* (eng, *die Hoos eas schbeng*, die Hose ist zu eng), *Schnèadds* (Schnitz, zum Beispiel vom Apfel, *aald Schnèadds*, etwas abfällig für ältere Frau, und für eine Frau, über die sich jemand ein wenig geärgert hat: *domm Schneadds*), *Schlugges* (Schluckauf). *Schoawe* (schaben). *Ech schoab derr dè Kimmel!* Ich reibe dir (fest) den Kopf. *Scheel* (nicht ganz geradeaus gucken, leicht schielen, aber auch komisch und neugierig gucken): Gugg nit sou scheel! Guck nicht so!

SCHB: ersetzt das sp: *Schbass* (Spaß), *schbiedse* und *schbliense* (spicken), *schbille gieh* (ausgehen), *Schdiffde-kobb* (Lehrlingsfrisur, kurze Haare). *Schiffde gieh* (stiften gehen, weglaufen).

SCHD: ersetzt das st: *schdadse* (aufstampfen), *schdols* (stolz), *schdäif* (steif, Steigerung: *schdeggeschdäif*, stocksteif), *schdombe* (stoßen), *Schdember* (Stößel aus Holz), *off die Schdronns gieh* (sich herumtreiben). *Schdoad* (Staat, auch zum Anziehen: gute Kleidung). *Schdodd* (Stadt).

SCHW: *Schwesder* (Schwesder), *schwaddse* (sprechen, *ech huh neechd merremm geschwassd*, ich habe gestern mit ihm geredet).

SS: *Kesse* (Kissen), *kisse* (küssen), *basse* (passen), *oachdbasse* (aufpassen).

T: Toni (Frauen- und Männername), *Tiddel* (Titel), *Toadd* (Torte), *Terbendien* (Terpentin). Wird sonst meist durch D ersetzt wie in *Dande* (Tante, Tanten), *daanse* (tanzen). *Die Daande daanse*. Die Tanten tanzen. *Dai Daande daansd*. Deine Tante tanzt.

U: *Ude* (Ute). *Fuld* (Fulda). U wird oft durch o ersetzt (*on* für und) oder durch i (*siche* – suchen), kurz ausgesprochen, wenn zum Beispiel zwei Mitlaute folgen (*gudd* – gut).

Ù: kurzes U wie in *Besùch* (Besuch), *Kùche* (Kuchen).

UI: *Huink* (Süße aus Zuckerrüben), *Biehuink* (Bienenhonig), *Kwedschehuink* (Pflaumenmus).

UU: *Bruud* (Brot), *duud* (tot), *Duurewegg* (Totenbrötchen, gab's bei Trauerfeiern).

V: *Veräi* (Verein), *viernäi* (voreinander, *ech krieh haud naut viernäi*, ich bekomme heute nichts zustande), *woas verzabbe* (was verzapfen, was anstellen, *woas hosde doa werre verzabbd*, was hast du da wieder verzapft). *Verwaldung* (Verwaltung), *Oaddsvierschdiejer* (Ortsvorsteher). *Versichering* (Versicherung), *vicher* (vier), *heannerschde-*

verrerschd (das Hinterste zu vorderst, falsch herum), *Vochel* (Vogel), *Vechel* (Vögel).

W: *Wesd* (Weste), *Wesde* (Westen), *Wäsch* (Wäsche), *Waa* (Wagen), *wie* (wie und auch als: *mieh wie du,* mehr als du), *wieh* (weh, *mir duh die Zieh wieh,* mir tun die Zähne weh), *sech wälchern* (sich wälzen), *Wällholz* (Nudelholz), *Wäschlabbe* (Waschlappen, auch abfällig für einen Mann ohne Mumm). *Weasching* (Wirsing, auch Kopf. Helga sagt: *Ech will merr dè Weasching wäsche.* Und meint: Ich will mir die Haare waschen.). *Werm* (Würmer). *Wemm* (wem). *Woas* (mit scharfem S, fast schon: *woass*). *Wu* (wo). *Wuheann* (wohin). *Worim* (warum). *Wer* (wer). *Wiffel* (wie viel/ wie viele; auch als Feststellung, als unbestimmte, aber größere Menge: *Doa woarn wiffel Audos.* Da waren viele Autos.). *Winsch* (windschief, aber auch: schlecht drauf), *Wullercher* (Entchen, Bewohnerinnen und Bewohner von Heimertshausen). *Weald* (Welt). *Naut Schinnesch wie off dere Weald* (nichts Schöneres als auf dieser Welt, früher ein häufig gehörter Ausruf)! Das W ersetzt oft das V, das B und andere Buchstaben: *hewe* (heben), *häwe* (hauen), *Woas* (Vase und Base, mit weichem S), *Bellower* (Pullover).

WW: *Newwel* (Nebel), *Gowwel* (Gabel), *Nowwel* (Nabel), *Schdewwel* (Stiefel), *Zwiwwl* (Zwiebel), *gäwwe* (geben).

Z: *zaggeriern* (etwas mit Schwung tun), zè (zu, auch: sè), *zissenn* (streuen, *verzissenn*, etwas in Unordnung bringen), *Zoanngiggel* (Zorneshahn, für einen Menschen, der sich leicht aufregt), *Zores* (Ärger, ein Wort, das aus dem Jiddischen kommt), *Zwulch* (abfälliges Wort für jemand, der klein ist), *Zwerch* (Zwerg), *zwerch* (verwirrt, Steigerung: *ewwerzwerch – Es gedd Zwerche on Ewwerzwerche.* Es gibt Verwirrte und sehr Verwirrte), *zengge* (zanken), *Zoggerschdäi* (Zuckerstein, vielleicht aber auch ein Stein, an dem man saugt, *suggeld*).

Abc

(Original: „Abc, die Katze liegt im Schnee", Auszug aus der oberhessischen Version aus dem Liederband „*Naue Lirrer*")

ABC,
buchschdawiern dudd nit wieh,
annerschder wie friejer moo
deaffe Liehrer Keann nit schloo!
ABC,
buchschdawiern dudd nit wieh!

GHI,
Inklusjon wier rächd schie,
daa kennde all sesomme leann,
doch uhne Meddel kann's naut werrn!
GHI,
Inklusjon wier rächd schie,

STU,
Schbiggzerrel sai Schmuh.
Doch kenner kann joa alles weasse,
on sou weaschde schbigge misse!
STU,
Schbiggzerrel sai Schmuh.

VWX,
fier naut saa merr nix!
Huchdoidsch leannde Owwerhesse,
huh ihr gaanzes Pladd vergeasse.
VWX,
fier naut saa merr nix!

YZ,
jeds gieh moo schie ins Bedd!
Worim fängd die Schul sou frieh oo,
huh Liehrer naut Bessesch zè duh?
YZ,
jeds gieh moo schie ins Bedd!

Mehr über unsere ehrenamtlichen Projekte in Oberhessen

Auch dieses Buch ist in ehrenamtlicher Arbeit entstanden, unterstützt von unserem Bremer Geschichtsverein, dem Lastoria e.V. Unser Projekt in Oberhessen läuft seit 2012. In Büchern, Liedern und Veranstaltungen beschäftigen wir uns mit hessischer, deutscher, europäischer und Weltgeschichte, Gegenwart und Zukunft und blicken dabei auf Ober-Gleen und die Region, aber auch von Oberhessen in die Welt.

Die Ober-Gleen-Bücher sind auf Hochdeutsch und in Dialekt geschrieben und nach Themen geordnet. Die Reihe deckt 200 Jahre ab – von der Zeit nach Napoleon (1813) bis zum Erscheinen eines Bandes. Zu den vier Bänden gehören insgesamt acht O-Ton-CDs mit den Originalaufnahmen, die in den Büchern zitiert sind, außerdem Hörbücher zur jüdischen Geschichte, zum Hessischen Landboten und zum Ersten Weltkrieg. Drei Liederbände sind dazugekommen, die deutschen Ausgaben der Kindheitsmemoiren von Oberhessinnen, die als Kinder in die USA geflohen sind, und „08/18", das Buch über Hessen und den Weltzukunftsvertrag. Und jetzt „*Du on ech*". Die CDs sind über den Verein erhältlich (mail@lastoria-bremen.de), die Bücher ebenfalls, aber auch über den Buchhandel.

Veronika Bloemers, Die Kinder retten den Wald, aus dem Band „Hirsch Henri in der Badewanne. Die schönsten Geschichten aus dem Ueberreuter-Fabulier-Wettbewerb, 1973. In der Jury saßen Erich Kästner, Christine Nöstlinger, James Krüss, Gert Müntefering (WDR Kinderfernsehen), Hildegard Krahé („Eine Maus aus gutem Haus"), Gina Ruck-Pauquèt, die Taucherin Lotte Hass, Gertrud Simmerding vom Bayerischen Rundfunk und andere mehr.
Dieselbe, **Orgel-CD** Eine Live-Aufnahme von Weidig-Wochenende 2015. **Ausgezeichnet von der Wirtschaftsförderung des Vogelsbergkreises als „Vogelsberg Original"** (Regionalmarke mit eigener Website).

Monika Felsing, **Blog *Owenglie*** auf Oberhessisch, Hochdeutsch und Englisch auf www.monikafelsing.de. Die Website wurde, wie unsere Bücher, gestaltet von Wolfgang Rulfs, enthält Audios, Audio-Slideshows und Informationen über unsere Mitmach- und Gedenkprojekte Astoria, Ober-Gleen und „Deutschland auf der Flucht. Exil in Amsterdam 1933-1945". Und **Aufnahmen, wie sie über QR-Codes zu hören waren.**

Dieselbe, **Ober-Gleen, Band 1: *Gliesbeurel inner sich***, Norderstedt 2013. Der erste Band ist der Verständigung gewidmet. Auf eine kurze Einführung in die Geschichte des Dorfes folgt ein kleiner Sprachführer mit vielen Beispielen, Hintergrundinformationen, Anekdoten, Gedichten, dem Ober-Gleener Lied und zahlreichen aktuellen und historischen Fotos aus privaten Beständen. Ober-Gleen für Einsteiger, wenn man so will.

Dieselbe, **Ober-Gleen, Band 2: *Naut wie Ärwed***, Norderstedt 2014. Hier geht es um den Ernst des Lebens – um Arbeit. Im Beruf, im Haushalt und im Ehrenamt, aber auch in der und für die Schule in verschiedenen Jahrzehnten.

Dieselbe, **Ober-Gleen, Band 3: *Himmel un Höll,*** Norderstedt 2015. Der Band übers Zusammenleben, Auseinanderleben und Überleben auf dem Land. „*Himmel un Höll*" erzählt die Geschichte des Sozialrevolutionärs Friedrich Ludwig Weidig, seiner Frau Amalie und einiger anderer Dorfbewohnerinnen und Dorfbewohner, gewährt Einblicke in den Dorfalltag von Kindern, Jugendlichen und Erwachsenen im 19. Jahrhundert, in der Zeit der Weltkriege, der Weimarer Republik, des Nationalsozialismus und des Neubeginns. Was ist aus den Ausgewanderten, Geflohenen und Deportierten geworden? **Ausgezeichnet als „Vogelsberg Original".**

Dieselbe, **Ober-Gleen, Band 4: *Schbille gieh un feiern***, Norderstedt 2016. Gesellig und vorwiegend heiter ist der vierte Band über Mobilität und Feiern. Erinnerungen an die Feste und Partys des 20. und frühen 21. Jahrhunderts werden lebendig: Hochzeiten ab den 20er-Jahren, Spinnstuben, Konfirmationen, Fasching und Kirmes, Festumzüge, Blüten- und Chorfeste, Vereinsleben und vieles mehr. Die wachsende Mobilität haben mehrere Generationen als ein Stück Freiheit erlebt, mit den bekannten Folgen.

Dieselbe, ***Owengliejer Lirrerbichelche***, Norderstedt 2018. Oberhessische Coversongs zu den Themen unserer Projekte. Wer keinen Dialekt sprechen kann, kann ihn immer noch singen. Gut, wenn einem dann die Lieder nicht ausgehen. Im Ober-Gleener Original und als oberhessische Coverversionen von berühmten Liedern unter anderem aus dem Klezmer, Jazz, Rock, Pop, Chansons und Folk.

Dieselbe, **Naue Lirrer**, Norderstedt 2019. Neue oberhessische Coversongs zu den Themen unserer Projekte, wie immer mit Hintergrundinformationen über die Originale. Die oberhessischen Texte sind auch in hochdeutscher Übersetzung zu lesen – in diesem Band zusätzlich auch die der Lieder aus dem *Owengliejer Lirrerbichelche*.

Dieselbe, **Läurer Lirrer, die Doppel-CD** zu den beiden ersten Liederbänden.

Dieselbe, **Mir**, Norderstedt 2020. Hessische und hochdeutsche Lieder über uns, Europa und die Welt, über Grundrechte und Menschenwürde, mit Gemälden des Ober-Gleener Künstlers Bernhard Wald (Faldon). In dem Liederband geht es um Fragen wie: Wer sind wir? Was ist uns wichtig? Wie wollen wir leben? **„Vogelsberg Original".**

Dieselbe (Konzept), **Hörbuch Friedrich Ludwig Weidig**, 2015. Ebenfalls **„Vogelsberg Original"**. Und als Kurzform (20 Minuten) zu hören auf www.monikafelsing.de. Wir gedenken der Erzählerin des Hörbuchs, der Bremer Kulturjournalistin Inken Steen. Mit Orgelmusik von Veronika Bloemers.

Dieselbe (Konzept), **Hörbuch *„Dè Easchde Krigg"***, 2018. Gelesene Dokumente, unter anderem Feldpostkarten der vier Brüder Schneider, aber auch Briefe und Zeitungsberichte. Mit Musik unter anderem von der mehrfach ausgezeichneten Gruppe „Grenzgänger" (eigene Website).

Dieselbe (Konzept), **Hörbuch *„Jiddisch Leben"*** mit 6 CDs, 2018, mit Musik von Yale Strom, Elizabeth Schwartz, Nikolai Muck, Veronika Bloemers, Arnulf Triebel und zwei Quartetten. Wie war das jüdische Leben in Oberhessen vor der Nazizeit, wie ist es jüdischen Frauen, Männern und Kindern ergangen, und wie sahen Neuanfänge nach 1945 aus? „**Vogelsberg Original**".

Dieselbe, „**08/18. Ein hessischer Beitrag zur Rettung der Welt",** veröffentlicht 2021 bei BOD, Norderstedt. Wer die Erde retten will, muss klein anfangen. Am besten bei sich selbst. Jetzt und nicht später. Die Vereinten Nationen haben 2015 einen Weltzukunftsvertrag abgeschlossen, dessen 17 Ziele eigentlich 08/15 sind und trotzdem viel zu langsam umgesetzt werden. In die oberhessische Mundart übersetzt, mit Coversongs im Dialekt, machen sie Lust darauf, sich mit Nachhaltigkeit zu beschäftigen und sich an Projekten zu beteiligen. Am Beispiel von Hessen stellen wir engagierte Menschen vor, die einen regionalen oder überregionalen Beitrag leisten zur Rettung des Planeten, aber auch Vorkämpferinnen und Vorkämpfer der Bewegung. Weil selbst Trick 17 manchmal versagt, verfolgt dieses Buch ganz offiziell ein 18. Ziel: die Selbstüberlistung.

Ruth Stern Gasten, An Accidental American, USA. Ruth stammt aus Nieder-Ohmen und schreibt darüber, wie sie die Nazizeit bis zu ihrer Flucht in die USA erlebt hat. Und über den Neubeginn als junge Migrantin in einem fremden Land und einer neuen Sprache.
Dieselbe, Zufällig Amerikanerin, Norderstedt 2017, in ehrenamtlicher Arbeit übersetzt und herausgegeben von Monika Felsing.

Ruth Stern Glass Earnest, The Gate, USA. Ruths Mutter stammte aus Ober-Gleen. Aufgewachsen ist Ruth in Diez an der Lahn und – nach ihrer Flucht – mit ihren Eltern, ihrem großen und ihrem kleinen Bruder in New York.
Dieselbe, Das Türchen, Norderstedt 2019, in ehrenamtlicher Arbeit übersetzt und herausgegeben von Monika Felsing.

Unser Extra: Kinderbuchtipps

Wir haben gefragt: Was ist Dein, was ist Ihr Kindersachbuchtipp, und was ist Dein, was ist Ihr Kinderbuchtipp zum Vorlesen, Schmökern oder Angucken?

Ingrid Becher, geborene Freifrau Schenck zu Schweinsberg, hieß Ingrid Ebke, als sie unsere Klassenlehrerin in Kirtorf war. Ihre große Sammlung an Kinderbüchern hat sie weitergegeben. Spontan empfiehlt sie das Bilderbuch „Mäusemärchen – Riesengeschichte“ von Annegert Fuchshuber aus dem Verlag Thienemann Esslinger. Und ja, die Autorin heißt wirklich Annegert. Auch Sonderausgaben von „Rotkäppchen“ und „Dornröschen“ („etwas kitschig, aufklappbar, dreimimensional“) aus dem Gondrom Verlag aus den Achtzigern, illustriert von dem tschechischen Künstler Vojtěch Kubašta, stehen auf der Liste unserer ehemaligen Lehrerin, „Der Gestiefelte Kater“ aus dem Nord-Süd Verlag, gestaltet von dem Schweizer Grafikdesigner Herbert Leupin, das Bilderbuch „Jakobs Traum“ von Frank Ruprecht aus dem Thienemann Verlag, das 1985 auf der Auswahlliste für den Deutschen Jugendliteraturpreis stand, „John Maynard“ von Theodor Fontane, Kindermann Verlag Berlin, „Wo die wilden Kerle wohnen“ von Maurice Sendak aus dem Jahr 1963, Diogenes Verlag, „Der Grüffelo“ von Julia Donaldson, illustriert von Axel Scheffler, Beltz & Gelberg. „Han Gan und das Wunderpferd“ von Chen Jianghong, übersetzt von Erika und Karl Klewer, Beltz & Gelberg, das 2005 den Jugendliteraturpreis erhalten hat.

Peter Brunner, der Leiter des Büchner-Hauses in Goddelau, betreibt den Büchner-Blog „Neues aus Büchnerland“ und hat ein Hörbuch über Georg Büchner und dessen ebenfalls erstaunliche Geschwister herausgegeben. „Leider ist Frederik Hetmanns schöne Jugenderzählung ‚Georg B. oder Büchner lief zweimal von Gießen nach Offenbach und wieder zurück‘ nicht mehr lieferbar, wäre aber unbedingt mein Tipp erster Wahl“, schreibt er. Lieferbar ist das Sachbuch von Jean-Marc Fies: Frei und gleich geboren. Die Menschenrechte. „Ein toll gemachtes Pop-Up-Buch zum relevanten Thema.“ Zur Unterhaltung: Lisbeth Zwergers „Leonce und Lena“-

Bilderbuch. Für Ältere: Andreas Eikenroths „Woyzeck"-Comic.

Buchhandlung Lesezeichen, Bahnhofstraße 42, Lauterbach, **Gerlinde Becker**: Unterhaltung: Gudrun Pausewang, Das große Buch vom Räuber Grapsch, Sonderausgabe im Ravensburger Verlag. Für 6- bis 99-Jährige. „Ich habe dieses Buch meinen beiden Söhnen vorgelesen. Die beiden Jungs sind jetzt 28 und 17 Jahre alt. Jeden Abend habe ich mindestens drei Geschichten gelesen und konnte selbst kaum aufhören", erzählt sie. „Es ist für mich das schönste Buch von Gudrun Pausewang! Übrigens gibt es auch Folgebände."

Buchladen Lesenswert, Am Rathaus, Markt 2, in Alsfeld: **Johanna Mildner und Barbara Möser** haben ein gemeinsames Lieblingssachbuch für Kinder: „Wawra's Naturbuch, Band 1: Säugetiere, Vögel, Reptilien, Amphibien" von Ursula Wawra, erschienen im Natur-Verlag. „Es ist ein tolles Buch für Kleine und Große ab sechs Jahren." Und zur Unterhaltung: Lisa Krusche, „Das Universum ist verdammt groß und super mystisch", erschienen bei Beltz und Gelberg. „Für alle ab zehn Jahren."

Die Buchhandlung, Frankfurter Straße 49, Homberg/Ohm, Buchhändlerin **Ulrike Sowa** empfiehlt als Sachbuch: „Megawissen für Kinder", Dorling Kindersley (DK) Verlag, München 2018. Und zur Unterhaltung: Margit Auer, „Die Schule der Magischen Tiere", illustriert von Nina Dulleck, Carlsen Verlag, Hamburg 2013. „Dieses Buch hat es geschafft, dass so manche Kinder zu Leserinnen und Lesern wurden, allein dadurch, dass die Lehrerinnen und Lehrer ihnen daraus vorgelesen haben."

Harald Dörr, Jahrgang 1962, aus Niederklein, **Heimatforscher** aus Leidenschaft, Schwerpunkt Familienforschung des katholischen Kurmainzer Amtes Amöneburg, empfiehlt: Heike Kraft, Petra Widmayer, „Hessen für Kinder", Eichbornverlag 2001. Und: Carsten Beckmann, „Marburg und das Marburger Land in den 50er Jahren", Wartbergverlag, Gudensberg.

Nathalie Franzen ist **Dorfplanerin**. Ihr Geographisches Planungsbüro berät seit 1990 Gemeinden im ländlichen Raum, auch in Oberhessen. Sie empfiehlt

„Urmel aus dem Eis“ von Max Kruse (1921-2015), dem Sohn von Käthe Kruse und Bruder der Malerin und Komponistin Maria Speranza Kruse. Das 1969 erschienene Buch war der erste Band einer zwölfbändigen Reihe. Einige von Kruses Geschichten wurden von der Augsburger Puppenkiste aufgeführt und vom Hessischen Rundfunk verfilmt.

Jennifer Gatzke, **Projektkoordination RENN.west Hessen** der Arbeitsgemeinschaft Natur- und Umweltbildung (ANU) Hessen mit Sitz beim Verein Umweltlernen in Frankfurt am Main: „Meine Tochter ist erst 2,5 Jahre, aber eine extreme Leseratte, circa 20 neue Bücher müssen wir alle drei Wochen aus der Bücherei ausleihen. Und die Bücher werden hoch und runter gelesen. Die Bücher, die ich hier jetzt nenne, sind bei uns besonders gut angekommen, wären auch für Kinder bis fünf Jahren sicherlich noch anspruchsvoll genug, wenn auch etwas kurzweiliger. Es sind alles Bücher mit tollen Illustrationen und überschaubaren Texten.“ Und alle haben einen Bezug zu den Nachhaltigkeitszielen der Agenda 2030 (siehe „08/18. Ein hessischer Beitrag zur Rettung der Welt“). Zum 10., 16. und 17. Ziel: Chris Naylor-Ballesteros, „Der Koffer“. Ein Buch über Offenheit, Umgang, Toleranz mit Fremden und leichter Thematisierung von Fluchterfahrung und Erfahrung des Zurücklassens. Zum 15. Ziel: Emily Gravett, „Aufgeräumt“, ein Buch über einen Dachs, der erst dann den Wert des Waldes versteht, als er ihn gerodet hat. Mit Reimen. Zum 1., 5. und 10. Ziel: Mary Hoffman (Autorin), Ros Asquith (Illustratorin), „Du gehörst dazu“, ein Kinderbuch über die Vielfalt und Formen von Familie und Familienalltag, für Toleranz, Respekt und Perspektivwechsel. Zum 5., 10. und 17. Ziel: Daniela Kulot, „Zusammen“. Ein Buch über Vielfalt, Zusammenhalt und Miteinander. Mit Reimen. „Ich liebe Reime.“

Georg Büchner Buchhandlung, Am Ziegenmarkt, Bremen. Buchhändlerin **Beruta Adolf** hat 2021 den „Deutschen Buchhandlungspreis“ in der Kategorie „hervorragende Buchhandlung“ erhalten und ist Mitglied im Lastoria e.V. Ihr Sachbuchtipp: Alexandra Litwina, Anna Desnitskaya, „Von Moskau nach Wladiwostok. Eine Reise mit der Transsibirischen Eisenbahn“, übersetzt von Lorenz Hoffmann und Thomas Weiler, Gerstenberg Verlag, für Kinder ab zehn Jahren. Und zur Unternhaltung: „Bilderbuchbande. Die besten Geschichten aus 60 Jahren", Nordsüd Verlag. Enthält unter anderem: Rotkäppchen, Die Sterntaler, Im Traum kann ich fliegen, Selina, Pumpernickel und die Katze Flora, Kleiner Eisbär, wohin fährst du?, Kleiner Dodo, was spielst du?, Heidi, Heule Eule, Winnie will woanders schlafen, Ida und der fliegende Wal, Der Dachs hat heute schlechte Laune, Das Apfelmännchen, Frida Kahlo und ihre Tiere, Der Regenbogenfisch, Mister Browns Katze und Der Kleine Häwelmann. Außerdem: „Zur Zeit, wo das Wünschen noch geholfen hat", die schönsten Märchen der Brüder Grimm mit Bildern von Julie Völk, Gerstenberg Verlag.

Dietlind Grabe-Bolz, geboren 1957 in Kassel, in Gießen aufgewachsen, ist **Musikerin**, Pädagogin, SPD-Politikerin und war von 2009 bis zum Herbst 2021 Oberbürgermeisterin von Gießen. Seit 1981 musiziert sie zusammen mit dem berühmten Kinderliedermacher Fredrik Vahle („Anne Kaffeekanne"), der in Lollar wohnt. Die beiden treten gemeinsam auf und haben inzwischen etwa 20 CDs herausgebracht. Dietlind Grabe-Bolz empfiehlt „Ein Schaf fürs Leben" von Marittgen Matter, Oetinger Verlag, und „Zwei für mich, einer für dich" von Jörg Mühle. Moritz Verlag.

Walter Günther aus Frankfurt arbeitet in Fechenheim als **Werkstattleiter der Praunheimer Werkstätten** mit geistig behinderten Frauen und Männern zusammen und ist Erfinder („Die mechanische Bratwurst"). Er hat unter anderem als Beispiel für Upcycling einen Schlüsselbembel aus Fahrradspeichen gebogen, der jetzt in Fechenheim produziert wird, und empfiehlt „Maulwurfstadt" von Torben Kulmann, Nord-Süd Verlag, und „Die Fundsache" von Shaun Tan, Thienemann-Esslinger-Verlag.

Nicole Hahn und Sabine Schmalz aus dem Fairstehen Team im Klimafairein Oberhessen empfehlen zwei Kinderbücher, die nach Einschätzung von Helmut Langohr aus Nieder-Ohmen „gut zu unseren Zielen als Klimafairein und bestimmt auch zu dem Buchprojekt passen": Das erste Buch stammt von Peter Wohlleben: „Hörst du, wie die Bäume sprechen? Eine kleine Entdeckungsreise durch den Wald", Oetinger Verlag. „Das finde ich ganz toll geschrieben und gestaltet", mailt Nicole. „Es sind kurze Kapitel, in denen je eine Frage beantwortet wird. Außerdem gibt es viele Anreize zum ‚Mitmachen' sowie Schätzfragen." Und Bine hat „Mein großes Vogelbuch" von Thomas Müller aus dem Coppenrath Verlag ausgewählt. „Alle Informationen zu dem Thema Vögel werden für Kinder ab 8 Jahren übersichtlich und kindgerecht zusammengestellt – das Buch ist nicht nur inhaltlich, sondern auch vom Format her groß! Von wem stammen unsere heutigen Vögel ab? Warum können die meisten Vögel fliegen und warum einige nicht? Wie entwickelt sich ein Küken im Ei? Und so weiter. Eine CD mit 66 heimischen Vogelstimmen liegt bei (wir haben sie leider verloren). Und wenn die Kinder dann auf den Geschmack gekommen sind, gibt es in dem Buch auch praktische Tipps für junge Vogelforscher!"

Heide Habermann (*Oddsdinnesch* Heide aus Ober-Gleen) empfiehlt „Der kleine Häwelmann" von Theodor Storm. „Das mochten meine Kinder und das mögen meine Enkelkinder auch. Momentan sind sie bei den ‚Kindern von Bullerbü' von Astrid Lindgren."

Martin Jatho vom Ausbildungszentrum für Natur- und Umweltbildung (AZN), dem von Adolf Böhm (1936-2019) gegründeten Naturerlebnishaus Heideberg, Erbenhäuser Weg, in Kirtorf hat im Namen des Teams einen Buchtipp für Jugendliche ab 14 eingereicht: „Kleine Gase, große Wirkung" von David Melles und Christian Server (derzeit vergriffen, aber laut Autoren bald wieder lieferbar). Das Naturerlebnishaus steht auf einem etwa sieben Hektar großen Gelände mit Steinbruch, Streuobstwiese, biologischer Schilfkläranlage, Tümpeln, Trockenmauern, Wildbienenstand, Kräuterspirale und Steingarten. Das Team geht in Kitas und Schulen und wird in seiner Arbeit unter anderem vom Nabu-Kreisverband Vogelsbergkreis und der Nabu-Ortsgruppe Kirtorf unterstützt.

Manuel Kluth aus Alsfeld und wohnt in Leipzig. Gemeinsam mit Johanna Werner (Illustration) und Theresa Lenita Deeg (Layout) arbeitet er an einem Kinderbuch über den Zufall, die Geschichte hat er geschrieben: „Gans Genau und Gans Gespannt – auf der Suche nach dem Zufall". Sobald das Buch veröffentlicht ist, voraussichtlich noch 2021, wird es unter anderem im Antiquariat Buchbasalt von Aegidius Kluth in der Untergasse in Alsfeld zu haben sein.

Götz Konrad, Vorsitzender des Dachverbandes MundArt, hat *Schbass* an dem Band „Asterix un es Zuckerschnecksche“, der hessischen Ausgabe von „Caesar und Kleopatra“ (Goscinni/Uderzo), übersetzt von dem Wiesbadener Jürgen Leber, Jahrgang 1961.

Beate Lambert, Kinderliedermacherin, Autorin und Qi-Gong-Lehrerin, wohnt in Marburg und hat ein Seminarhaus am Edersee. Ihre Buchtipps: Ingeborg Engelhard, „Hexen in der Stadt“, dtv, erschienen 1975. „Ein Jugendbuch über die Zeit der Hexenverfolgung, das mich als 13-Jährige sehr beeindruckt hat.“ Und: Tonke Dragt, „Der Goldschmid und der Dieb“, Beltz-Verlag 1986. „Ein spannendes Buch, das von Zwillingsbrüdern handelt, die sich zum Verwechseln ähnlich sehen, aber sehr unterschiedliche berufliche Laufbahnen einschlagen. Und wenn es was aus der Kindheit sein soll, würde ich ‚Wir Kinder aus Bullerbü' von Astrid Lindgren nehmen, Oetinger Verlag 1947, übersetzt 1955. Nie konnte ich mich besser mit jemand identifizieren als mit Lisa!“

Jürgen Pelzer, ein Rheinländer aus Kreuzberg, ist seit Jahrzehnten mit Bernhard Wald befreundet, erinnert sich gern an *Walde Kall*, ist ebenso gern zu Gast bei *Walde* Erika und hat sich für unsere oberhessischen Projekte schon die Daumen plattgedrückt. Er empfiehlt mit Blick zurück: Hans-Joachim Gehlberg, „Geh und spiel mir dem Riesen“, das erste Jahrbuch für Kinder aus dem Beltz & Gelberg-Verlag. Hans Georg Noack, „Rolltreppe abwärts", einen Jugendroman aus dem Jahr 1970. Und außerdem als moderne Kinder- und Jugendliteratur eine Graphic Novel aus dem CarlsenVerlag: „Beate & Serge Klarsfeld, die Nazijäger“ von Bresson/Dorange. Und: „Fup“ von Jim Dodge im englischen Original oder deutscher Übersetzung von Harry Rowohlt, Zweitausendeins.

Elfriede Roth, Zeitzeugin aus Lauterbach, was die Nazizeit, aber auch die Anti-Atomkraft- und Friedensbewegung angeht. Ihr Sohn Thomas hat das längst vergriffene Jugendbuch „Sieger im roten Staub“ gern gelesen, einen Roman über Kinder und Stierkampf in Mexiko. Gudrun Pausewangs preisgekrönter Roman „Die Wolke“ von 1987 fällt ihr ebenfalls spontan ein. In dem Ravensburger Taschenbuch geht es um eine 14-Jährige, die einen Supergau in einem deutschen Atomkraftwerk überlebt hat. Ein Gedankenspiel: Was, wenn Tschernobyl in Westdeutschland gelegen hätte? Die erfolgreiche, politisch engagierte Autorin (1928-2020) hat einige Jahre in Venezuela und Chile gelebt, von 1972 bis 2016 in Schlitz, und lange Zeit auch als Lehrerin gearbeitet.

Selda Marlin Soganci, Jahrgang 1973, ist Illustratorin, hat ein Laden-Atelier in der Südstraße 35A in Münster und unter anderem die wunderschöne Neuausgabe von Heinrich Hannovers „Pferd Huppdiwupp“ gestaltet. Ihr erster Buchtipp ist einer von 20 Bänden einer Reihe von Alain Grée: „Heidi, Peter und die Stadt“, Boje Verlag, aus den 60ern. „Zwei Kinder entdecken die Welt, in meiner Ausgabe eine Stadt. Und da gibt es richtig viel zu entdecken: verschiedenste Häuser, trubelige Straßen, Fahrzeuge, Stadtbewohner, ob Mensch oder Tier“, schreibt Selda Marlin Soganci. „Die Zeichnungen des Illustrators und Autors Alain Grée atmen für mich immer noch den unverkennbaren grafischen Stil der 60er Jahre, ihre Farbigkeit mag ich ganz besonders gerne. Auf dem Vorsatzpapier habe ich mich selbst als Kind mit Bleistift verewigt und Figuren ‚vervollständigt'.“ Und das zweite Buch? „Schenk mir Flügel...", G&G Verlag. „Für mich ist das immer noch ein ganz besonderes Buch, mein allererstes Bilderbuch. Es ist 2003 im NP Buchverlag (St. Pölten, Österreich) erschienen. Der Text stammt von dem bekannten Kinderbuchautor Heinz Janisch, den ich in dem Jahr auf der Buchmesse in Frankfurt bei einem Verlagsabendessen kennengelernt hatte. Am nächsten Messetag haben wir beim NP Buchverlag mit unserer Idee zu einem Kinderbuch offene Türen eingerannt. Heinz Janischs Text ist wundervoll sparsam und hat mir viel Inspiration und Raum für meine eigenen Bilder geboten. Die Illustrationen entstanden auf relativ großen Fichtenholzplatten in einer eher experimentellen Mischtechnik: Bunt- und Bleistifte, Acrylfarben und verschiedene Sorten Pastelle und Kreiden – ich verwende hier alles durcheinander. Ich male, zeichne, stempele hier mit alten Modeln übereinander, ineinander, ich kratze Strukturen in Farbschichten, und manchmal lasse ich aber auch das blanke Holz mit seiner Maserung genau so stehen. Die Arbeit an ‚Schenk mir Flügel' war neu und aufregend für mich. Umso schöner, dass das Buch gleich ein großer Erfolg wurde und mir als angehender Illustratorin Türen öffnete. Dass dieses Bilderbuch auch immer noch erhältlich ist, freut mich sehr. Das ist heutzutage nicht selbstverständlich."

Karl-Heinz Theiß, Mundartkenner aus Gemünden, rät zum Struwwelpeter von Heinrich Hoffmann. Und zur Struwwelliese von Cilly Schmitt-Teichmann. Den Struwwelpeter gibt es inzwischen (unter anderem) auch auf Hessisch. Und so einige andere Klassiker der Kinderliteratur, übersetzt von dem Sprachwissenschaftler Walter Sauer (Edition Tintenfass) aus Neckarsteinach.

Alfred Westenberger, Schmetterlingsfachmann aus dem Taunus, empfiehlt gemeinsam mit zwei Vereinskolleginnen aus dem Entomologischen Verein Apollo (Frankfurt am Main). „Die kleine Raupe Nimmersatt" von Eric Carle, Gerstenberg Verlag. „Das ist immer noch DER Klassiker!" Und den „Was ist was"-Band 43: „Schmetterlinge" von Sabine Steghaus-Kovac,Tessloff-Verlag. Und weil wir schon dabei sind: „Was summt auf der Wiese? Meine Natursticker Insekten", ein Stickerbuch von Izabella Markiewicz, arsEdition.

Guck mal: Die Bilder

Cover: Vorderseite (von links unten, im Uhrzeigersinn) Sabine, Monika und Melanie. Rückseite (Gruppe, von links unten, im Uhrzeigersinn): Monika, Melanie, Veronika, Birgit, Reinhold und in der Mitte Karlheinz. Auf dem Traktor Sabine und Silke. Fotos jeweils aus Familienbesitz. **Seite mit Widmung:** Melanie (Sammlung Familie Peter, SP). **S. 6:** Sammlung Felsing (SF), Monika, **S. 7:** Karl und Monika Felsing (SF). **S. 8:** Faksimile der Fibel „Ich und Du – Du und ich“, Paul List Verlag. **S. 9:** Karlheinz und Monika (SF). **S. 10:** Helga Felsing und Monika, dann mit Monika und Karlheinz und Karl Felsing mit Karlheinz (SF). **S. 11:** Monika 1971 (SF)**. S. 12:** Die erste Klasse der Grundschule Kirtorf 1971 mit ihrer Klassenlehrerin Ingrid Ebke und dem Rektor (SF). **S. 13:** Sabine 1971 (SF). **S. 19:** Schwälmer Brunnen in Alsfeld, fotografiert von Monika Felsing (MF), **S. 20:** Lina Löb, *Ammegridds* Lina aus Ober-Gleen (OG) mit ihrem Sohn Willi und dem kleinen Nachbarsjungen (SF). **S. 21:** Brüderchen und Schwesterchen 1965/66 (SF). **S. 22:** Taufstein von 1513 in der OGer Kirche (MF). Unteres Bild: *Endesche* Sabine mit ihrer Mutter, Großmutter und Urgroßmutter (SK). **S. 23:** *Schmidds Kall*, Karl Fröhlich, einer der Schmiede von OG, als *Gliesboirel* (SF). **S. 26:** Die Gleen bei OG, fotografiert von Justus Randt (JR), **S. 27:** Sammlung Ruth Neeb. Ihr Vater Otto Christ war Heimatforscher, Autor und bis 1934 Pfarrer in Ober-Gleen und Kirtorf, **S. 31:** Weidig-Lithografie, Original im Besitz des Museums in Butzbach, und Eichenschrank, gefertigt von Helmut Knöchel, mit den von ihm geretteten historischen Haustüren des OGer Pfarrhauses (MF). **S. 32:** Schulaufsatz aus den 70ern, Hummel im Anflug (MF). **S. 33:** Hummel (MF). **S. 34:** Büsche und Bäume am Ransberg in OG, Blick vom Ransberg, Stein mit Brennnesseln (MF/JR). **S. 35:** Marienkäfer (MF). **S. 36:** Biene und Hummeln (MF). **S. 37:** Bienen und Hummel (MF). **S. 39:** Bauanleitung von Holger Krüger. **S. 40:** Sammlung Familie Seim aus OG. Karl Oppertshäuser (*Dannjels*), der Vater von Lina Oppertshäuser und Schwiegervater von Johannes Seim IV, bei seinen Bienen. Der OGer Imker Jörk Hipp lässt Veronika Bloemers und Arnulf Triebel naschen (MF/2021). **S. 42:** Jungs als Drohnen beim Blütenfest in den 50ern in OG. **S. 43:** Kleiner Fuchs aus OG und weiblicher Kaisermantel (herzlichen Dank an den Experten Alfred Westenberger fürs Bestimmen) aus Lauterbach (MF). **S. 44 und 45:** Aus dem Schmetterlingsfreund von Dr. Ernst Hofmann, zweite Auflage, Stuttgart 1897. Hofmann (1837-1892), ein angesehener Schmetterlingskundler, stammte aus Frankfurt am Main und war Kurator des Naturalienkabinetts in Stuttgart. **S. 47:** C-Falter und Raupe eines Buchenstreckfußes aus dem OGer Wald (MF). **S. 48 und S. 49**: Aus dem Schmetterlingsfreund von Hofmann**. S. 50:** Monikas Puppe (MF). **S. 51:** Ruth Stern in Nieder-Ohmen. Mehr über Ruth in ihrem Buch „Zufällig Amerikanerin“. **S. 52:** Oben:

Susi (Susanne) Stern aus Lauterbach mit ihrem Stoffhasen. Mehr über die Familie im Hörbuch „*Jiddisch* Leben" und in „My Broken Doll" von Susis Schwester Bea Karp (geborene Beate Stern aus Lauterbach) und Beas Tochter Deborah Pappenheimer. Unten: Ruth Stern aus Diez an der Lahn, deren Mutter aus OG stammte (*Lesemanns*), mit ihrer Puppe Renate. Mehr über Ruth und Renate, ihre Zeit in OG, Lauterbach, Bad Nauheim und Diez in Ruths Buch „Das Türchen" (The Gate). **S. 53:** Oben: Sabine in den 70ern (SK), unten *Suse* Heike kehrt die Scheune, Sammlung Kirchner/Suse (SKS). **S. 55:** Schwälbchen in OG (MF). **S. 56:** (MF). **S. 57:** Federvieh bei einer Kleintierschau in OG (MF), Kälbchen und Ferkel bei *Lanse Mechthild* (Familie Boß) in OG, 2010 fotografiert von Elayne Dracocardos (ED), die die Facebookseite über OG erstellt hat und inzwischen mit ihrem Mann Isidor nicht mehr in *Braurods* Haus, sondern in England lebt. **S. 58:** Vorwerkhühner im Hessenpark (MF), Hund (SK), Katze und Kühe bei *Lanse* (ED). **S. 59 bis 61:** Zeichnungen aus dem Stop Motion Film von Melanie Peter. **S. 62:** Jan Hendrik Scheld aus OG ist inzwischen Mitte 20. Diese und andere ungewöhnliche Tierfotos hat er in seiner Kindheit oder frühen Jugend aufgenommen. Oben: Hahn in der Saubach (Ausschnitt). Unten: Auf dem Kürbis gelandet (Ausschnitt). **S. 65 und 66:** Peter Dürolf. Das Lösungswort: *gerore* (geraten). Aber im Sinne von du hast getan, was du tun solltest, hieß es oft: *Doas woar derr gerodd!* Das war dir geraten! **S. 72:** Gemälde von Bernhard Wald (Faldon). **S. 74:** Robin Smolen als Kind, mit ihrem Vater Herbert Sondheim (*Heasche* Herbert aus OG) in New York. **S. 76:** *Komb*, der historische Dorfbrunnen in OG (JR). **S. 77:** Birgit König, geborene Hahn, als Kind (Sammlung König/Hahn). **S. 78:** Spänchen zum Ofenanmachen, im Hessenpark (MF). **S. 79:** *Braurods* Haus (Reproduktion: MF). **S. 81:** Gestaltet von Britta Jakobi zur Erinnerung an ihren verstorbenen Vater. **S. 82:** Gedenktafel am Alsfelder Marktplatz, Deutschland und Gebiete, aus denen Deutsche in Folge des Zweiten Weltkrieges vertrieben worden oder geflohen sind. **S. 83:** *Braurods Gode* (Sammlung Fritz Jakobi). **S. 84:** Selbstgemaltes aus den frühen 70ern (MF). **S. 85:** Schlüsselbembel der Praunheimer Werkstätten, eingereicht von Walter Günther. Die Schlüsselbembel („Feine Fechenheimer Drahtwaren") bekommt man gegen eine Spende (Vorkasse, pro Stück fünf bis sechs Euro) an die gemeinnützige GmbH Praunheimer Werkstätten mit Betreff „zweckgebunden Fechenheim". **S. 86:** Oben: *Pauls* Karlheinz und Monika (SF). Unten: *Bambelkudsch*, eine Schlittenreihe, fotografiert von Heinrich Sommer in den 60ern in OG. **S. 87:** Oben: Christel Kratz (rechts) aus Ehringshausen mit Kätzchen und ihrer Großcousine (SF). Unten: Lina Felsing (1910-1999), geborene Scheld, in der Unterküchentür des Hauses Borngasse 8 in OG. Die Tür unterhalb der Treppe und der Haustür führte in den Keller und in die Waschküche (SF). **S. 88:** Constanze Vietz und ihre Cousine Monika beim Gummitwist (SF). **S. 89:** *Pauls* Karlheinz mit Ball (SF). **S.**

90: Karl Felsing mit seiner Tochter auf dem Arm (SF). **S. 91:** *Endesche* Sabine und Silke auf dem Trecker (SK). Unten: Verkehrsschild (MF). **S. 92:** *Endesche Kall*, Karl Kirchner (SK). **S. 93:** Veronika Bloemers, Sammlung Bloemers (SB). **S. 94:** Schneise im Dannenröder Forst für die A49. Foto von Judith Dürolf. **S. 95 bis 98:** Glanzbilder aus einem Poesiealbum der 70er (MF). **S. 99:** Seite aus dem Poesiealbum von Sonja Bätz, geborene Eckstein, Arnshain, eingereicht von ihr. **S. 100:** Torte mit Gummibärchen und Weingummikirschen (SK). **S. 104:** Sabine und Christel Kirchner (SK). **S. 105:** „Das Pferd Huppdiwupp" von Heinrich Hannover, gestaltet von Selda Marlin Soganci, Rowohlt-Verlag. **S. 107:** Oben: Heinrich und Doris Hannover 2019 zu Hause in Worpswede. Unten: Frieda Bücking, vermutlich in ihrem Haus am Alsfelder Marktplatz, aus dem antiquarisch erhältlichen Buch „Aufsätze und Briefe" von 1926. **S. 109:** Birgit Hahn am ersten Schultag (Sammlung König/Hahn). **S. 110:** der verstorbene Alsfelder Journalist, Heimatforscher und Buchautor Karl Brodhäcker (Copyright lag bei ihm). **S. 111:** Bohnenstangen (MF), OGer Töpferwaren (MF). **S. 112:** *Lesche* Gabi aus OG (heute: Rieß in Maulbach) mit ihrer Katze. Unten: *Wähnesch* Hedwig (Hedwig Schneider, rechts) und zwei weitere Frauen aus OG. **S. 113:** (SF), Hedwig Kröll (links), ihre Tochter Irmgard (rechts), deren Kinder Brigitta (links) und Claus-Peter (rechts), ihr Schwiegersohn Karl Felsing und dessen Kinder Karlheinz (Mitte) und Monika (Baby). **S. 114:** *Pauls* Hans (Hans Felsing) mit Karlheinz und Monika (SF). **S. 115:** Luftbild von OG, aufgenommen 2013 von dem inzwischen verstorbenen Walter Ruppenthal, dem Sohn der einstigen OGer Hebamme Marie Ruppenthal, geborene Geißler. **S. 116:** Vier Generationen der Familie aus der OGer Globergsmühle (Sammlung Karl Gemmer – in der hinteren Reihe sind, von rechts, seine Schwester Hildegard Diegel, geborene Gemmer, seine Mutter Elisabeth Gemmer und seine Cousine Elli Dächer, geborene Preiß, zu sehen, vorne rechts seine Tante Marie Korell, links seine Tante Katharina Preiß und in der Mitte seine Großmutter Susanne Jakobi, geborene Becker aus Bieben). **S. 117:** Manfred Peter und seine Tochter Melanie (SP). **S. 118:** Metzgermeister Hans Krätschmer mit *Suse* Otto und *Suse* Lina am Tag einer Hausschlachtung im Hause Kirchner (*Suse*) in OG (SKS). Unten: *Pauls* Karlheinz darf auf dem Trecker sitzen, *dè Babbe bassd offenn off* (SF). **S. 119:** *Walde* Bernhard und seine Oma Elise am Backtag in OG (Sammlung Wald). **S. 120:** Heumachen in OG, Foto von Heinrich Sommer. **S. 121:** Der inzwischen verstorbene Heimatforscher Heinrich Dittmar, der in der Zeit, als er Lehrer in OG war, mit seiner Frau Marga und den beiden Kindern im Dorf gewohnt hat, später dann in Alsfeld (MF/2013). **S. 122:** Vier aus dem ehrenamtlichen Projektteam (von links: Monika und Helga Felsing, Wolfgang Rulfs und Justus Randt), 2014 in OG, Foto von Doris Pötter. Darunter: Veronika Bloemers 2018 am Flügel im Hohhaus Museum Lauterbach (MF). **S. 123:** Oben: Egon Brückner und Karl Gemmer in OG (MF). Unten: Erika Wald (von links), Helga Felsing und Toni Dick (*Wachnesch*) auf einem Ausflug (SF). **S.**

124: Der Klezmermusiker Yale Strom (vorn), seine Frau, die Sängerin Elizabeth Schwartz (rechts), der Gitarrist Amos Hoffman und Monika Felsing 2019 in Bremen (JR). **S. 125:** Ruth Stern Gasten im Kirtorfer Museum. **S. 126:** Ingrid Becher, unsere frühere Klassenlehrerin, bei einer Buchvorstellung in OG (MF/2013). **S. 130:** *Oddsdinnesch* Heide (Habermann) und *Zimmerhannesse* Dieter (Ruppert) in OG (MF/2018). **S. 132:** Oben: Jürgen Pelzer (von rechts), Bernhard und Erika Wald, am Rand Gerda Dluzenski (*Meddes*), 2019 beim Mitsingkonzert in der ehemaligen Synagoge in OG (MF). Unten: Elfriede Roth im Sommer 2021 in Lauterbach (MF). **S. 134:** *Endesche* Silke auf einem VW-Käfer (SK) in OG. **S. 135:** Holger Krüger macht seine Hausaufgaben in Bremen (Sammlung Krüger). **S. 138:** Von oben: Wolfgang Rulfs (MF), Sabine Kirchner (SK), Holger Krüger (Sammlung Krüger), Monika Felsing. **S. 139:** Gemälde von Bernhard Wald (Faldon). Dann: Manfred und Melanie Peter (SP). Collage von Britta Jakobi (aus Kirtorf, heute: Alsfeld), mit ihr als Radieschen und ihrem Vater Herbert Jakobi. **S. 140:** Veronika Bloemers (SB). Dann: Hedwig Kröll, geborene Schmidt, mit ihren Töchtern Irmgard (links) und Helga in den frühen 40ern in Alsfeld (SF). Reinhold und Birgit König im Sommer 2021 (MF). Justus Randt als Kind (Sammlung Randt). Erika Thies (MF/2021).

Hast du Töne? Die QR-Codes:

Kein Smartphone zur Hand? Auch kein geliehenes? Kein Problem. Die Beiträge, die über QR-Code zu hören oder zu sehen waren, stehen auf www.monikafelsing.de unter Projekte und dem Buchtitel: Du on ech.

Widmung: Monika Felsing (MF). **S. 6:** MF, *Wäschmaschie* (deutsche Nationalhymne, Naue Lirrer, Seite 105), **S. 9:** MF, *Keandhääd* (Getsemane, „Jesus Christ Superchrist", Andrew Lloyd Webber), **S. 21:** MF, *Adda Adda* (frei nach dem Patta Patta Song von Miriam Makeba, Naue Lirrer, Seite 178), **S. 24:** MF, *Kall häsese all* (Aux Champs Elysées, Owengliejer Lirrerbichelche, Seite 200, Naue Lirrer, Seite 265), **S. 30:** MF, *Ziggd ouch woarm oo* (Chirpie Chirpie Cheep Cheep, The Middle of the Road, und Wolgauschiffer, Naue Lirrer, Mir, Seite 46, Naue Lirrer, Seite 67), **S. 53:** *Melgè off dè Wääd* (Sabine Kirchner), und Futterrüben hacken (*Suse* Heike). **S. 59** und **60:** *Dè Hond.* Der Hund. Von Melanie Peter und Manfred Peter. **S. 71:** *Saalsekuche* (Shoo Flie Pie and Apple Pan Dowdy von Dinah Shore, Owengliejer Lirrerbichelche, Seite 189, Naue Lirrer, Seite 213). **S. 84:** *Braurods Gode* (Heile, heile Gäns-che, Naue Lirrer, Seite 176). **S. 86:** *Sou enn Bembel* (Bruder Jakob). **S. 87:** Birgit König, *Bambelkudsch.* **S. 89**: Helga Felsing, *Irmche offem Tirmche.* **S. 106:** Birgit König, *Dè Gaul Hobbdiwobb,* Original: „Das Pferd Huppdiwupp" von Heinrich Hannover, ins *Owengliejer Pladd* übersetzt von Monika Felsing.

Wer hat mitgewirkt?

Mir schdenn ins vier in der Reihenfolge unserer Beiträge

Wolfgang Rulfs, der Gestalter dieses Buches, lebt mit seiner Frau Doris Pötter in ihrer grünen Oase in der norddeutschen Stadt Delmenhorst. Neben Büchern gestaltet er auch die Internetauftritte von Künstlern, Selbständigen und Kleinunternehmen. In seiner Freizeit besucht er gern Konzerte, Kunstausstellungen und die Natur.

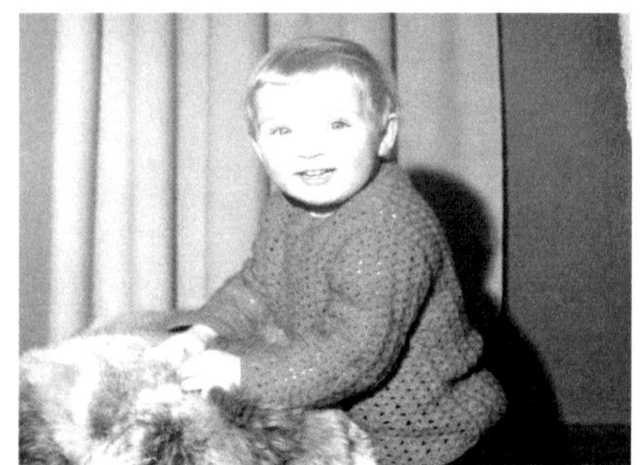

Sabine Kirchner ist ein Kind der 60er und 70er und in Ober-Gleen aufgewachsen. *Endesche* Sabine spricht von Kindesbeinen an *Owengliejer Pladd*. Und sie spricht gerne Dialekt, weil damit für sie die Erinnerung an ihre Großeltern weiterlebt. Sabine hat alle vier Ober-Gleen-Bände und fast alles, was danach off Pladd kam, Korrektur gelesen. Auch dieses Buch, das Beiträge und Ideen von ihr enthält. Das gilt auch fürs Cover, an dem sie gemeinsam mit Holger und Wolfgang gearbeitet hat.

Holger Krüger, geboren 1965 in Bremen, sagt über sich: „Den Dingen auf den Grund zu gehen, war mir immer wichtiger, als zum Beispiel ein intaktes, zusammengebautes Spielzeug zu haben. Noch heute interessiere ich mich für Natur und Technik und lerne beim Selbermachen."

Monika Felsing ist Anfang Mai 1965 als 1000. Kind jenes Jahres in Marburg zur Welt gekommen. In *Owenglie* hat die Journalistin und Historikerin ihre Kindheit und Jugend verbracht, als Tochter von *Pauls Helga* und *Pauls Kall* (Malermeister), Schwester von *Pauls Kallains* und Enkelin von *Pauls Lina*, geborene Scheld, und Hedwig Kröll, geborene Schmidt aus Alsfeld. Im Ober-Gleener Mitmachprojekt des Bremer Geschichtsvereins Lastoria schreibt *Pauls* Monika Bücher, einen hochdeutsch-englisch-*owwerhessischen* Blog, Gedichte und Coversongs in Mundart. Mehr dazu auf www.monikafelsing.de.

Jörk Hipp, Baujahr 1967, ist der Sohn von Hannjörk Hipp aus Ober-Gleen und Ute Hipp, geborene Benk aus Wetzlar. Er imkert seit 2017, hat fünf Bienenvölker und empfiehlt die Website „Die Honigmacher".

Bernhard Wald, geboren 1959, der ältere der beiden Söhne von Karl und Erika Wald, hat seine Kindheit in den 60ern und 70ern in Ober-Gleen verbracht und wohnt heute in Marburg. In Berlin hat er in den 80ern als freischaffender Künstler Musik gemacht und gemalt. Eine beeindruckende Porträtserie aus dieser Zeit (Beispiele in den Bänden „*Mir*" und „08/18" und im Blog *Owenglie*) spiegelt seine große stilistische Vielfalt und Experimentierfreude, aber auch seinen ganz eigenen Blick auf Individuelles und Gemeinsames.

Manfred Peter, 1947 in Ober-Gleen als ältester Sohn von *Pochdersch* Kall und Edith geboren, ist mit seinen beiden Brüdern Helmut und Reinhard aufgewachsen. Inzwischen ist er Vater von vier Töchtern und Großvater von sieben Enkeln und lebt mit seiner Familie in Eifa. Viele Jahre war er Sänger und Gitarrist der Band „The Viscounts", die ihre ersten Akkorde in Ober-Gleen gespielt hat.

Melanie Peter, 1972 als älteste Tochter von Manfred und Erika geboren, hat in ihren ersten beiden Lebensjahren in Ober-Gleen in der alten Schule gelebt. Die Welt des Theaters war für sie schon als Jugendliche faszinierend, und so hat sie nach einem Studium in Hildesheim als Theaterpädagogin, Autorin und Regisseurin in Halle (Saale) gearbeitet. Sie ist Mutter einer inzwischen erwachsenen Tochter und zweier „Patchwork-Töchter" und lebt mit ihrem Mann im Kabelsketal. Die Musikalität und die Liebe zum Singen haben sich bei *Pochdersch* über die Generationen fortgesetzt.

Britta Jakobi ist 54 Jahre alt und lebt mit ihrem Partner seit über 20 Jahren in Alsfeld. Sie ist studierte Wirtschaftwissenschaftlerin und arbeitet im Personalmanagement einer großen Versicherung. Vor allem ist sie aber auch künstlerisch tätig und nimmt regelmäßig an Ausstellungen des Kunstvereins Fulda teil. Seit 2019 organisiert sie eigene erfolgreiche Ausstellungen, über die man sich in ihrem „Blog" auf dieser Website informieren kann: https://www.brittajakobi.com.

Veronika Bloemers, Jahrgang 1961, hat schon als Kind sehr viel gelacht und es nicht verlernt. Doch auch ernste und tiefe Themen wie die Zerstörung des Dannis und ihre Auswirkungen berühren sie sehr. Schon mit elf Jahren wusste die Tochter von Ernst A. und Angelina Bloemers, wie wichtig die Bewahrung des Waldes für alle Menschen ist. Ausgleich und Entspannung findet sie in der Natur und beim Musizieren.

Peter Dürolf (1942- 2021) und **Judith Dürolf**, geboren 1970, Vater und Tochter, Bildersammler – unter anderem mit dem Fotoapparat in Oberhessen. Mehr dazu auf der Website https://efemera.de. Instagram: @efemerade.

Helga Felsing, geborene Kröll, ist kurz nach Kriegsbeginn 1939 in Alsfeld zur Welt gekommen. Im August 1962 hat sie Karl Felsing (1937-2009) aus Ober-Gleen geheiratet. Elf Kilometer machen beim oberhessischen Dialekt einiges aus. Karl sagte „*schloofe*", Helga sagt „*schloffe*", und ihre beiden Kinder verstehen beides.

Birgit König, geborene Hahn, ist eine Enkelin des letzten Ober-Gleener Bürgermeisters. Schon 2012 hat *Gemme(r)sch* Birgit an „*Gliesbeurel inner sich*" mitgearbeitet, und sie ist auf einer O-Ton-CD zu hören. Gemeinsam mit *Endesche Sabine, Waachnesch Toni, Koods Kall* und anderen hat sie *Pauls Monika* geholfen, Mundart zu schreiben, Worte und Redewendungen zu sammeln. Birgit ist mit Reinhold König verheiratet, hat zwei erwachsene Kinder und ein Enkelkind.

Justus Randt, ein gebürtiger Niedersachse und Gründungsmitglied von Lastoria, ist mittlerweile in Oberhessen ganz schön viel rumgekommen. Auch mit der Kamera, dem Rechercheblock und dem Aufnahmegerät. Wenn ihn jemand auf Oberhessisch anspricht, wird er zwar nicht auf Niederdeutsch antworten. Aber er versteht, *ob off eas*. Und lässt sich einen *Schlissel* geben, *wann es Dierche kenn Scheller hodd.*

Erika Thies stammt aus der Nähe von Bremerhaven, hat lange Zeit als Tageszeitungsredakteurin in Bremen gearbeitet und wohnt heute mit ihrem Mann in Worpswede. Bis zum Band „08/18" hat sie gemeinsam mit unserer 2021 verstorbenen Freundin Rosi Francke die hochdeutschen Teile der Bücher von Lastoria Korrektur gelesen. Und auch diesmal ist sie mit uns auf Fehlersuche gegangen. Trotz Sympathie für Uli.

Zum guten Schluss

wollen wir uns von Dir verabschieden. Und wir danken allen, die etwas zu diesem Buch beigetragen haben. Also den Autorinnen und Autoren, den Künstlerinnen und Künstlern, dem Grafiker Wolfgang Rulfs, der dieses Buch gestaltet hat, unseren Müttern Christel Kirchner und Helga Felsing, unserer Hochdeutsch-Korrektorin Erika Thies, Holger Krüger für Bastel-Anleitungen und Computer-Magie und Justus Randt, der die hochdeutschen Texte Korrektur gelesen und uns gute Ratschläge gegeben hat. Vor Freude hat eine von uns einen Luftsprung gemacht, als der Kinderbuchautor Heinrich Hannover ihr erlaubt hat, seine Geschichte vom Pferd Huppdiwupp ins Oberhessische zu übertragen! Das ist uns eine ganz besondere Ehre. Und *mir dangge* auch allen anderen von Herzen, die die Mitmachprojekte des Geschichtsvereins Lastoria auf die eine oder andere Weise unterstützen. Ihre guten Wünsche begleiten uns.

Oberhessinnen und Oberhessen sind ja selten um einen Spruch verlegen. Aus der Sammlung von Karl-Heinz Theiß aus Gemünden hätten wir noch zwei auf Lager, die wir für Euch ins Ober-Gleener *Pladd* übertragen haben.
Für Kinder von früher, die so gar kein Verständnis für Kinder von heute haben:
E aald Kuh vergeassd schwinn, desse aachemo è Kalb woar.
Für den Fall von Kritik:
Alles mächd merr falsch,
on niddemo doas mächd merr richdich!
Wir sagen einfach mal: *Bassd, waggeld on hodd Lofd!*

War da nicht ein Gong zu hören? Die Schule ist aus! Für uns schon lange. Und dieses Buch endet an genau dieser Stelle. Wenn es Dir so richtig gut gefallen hat, dann kannst Du es gerne weiterempfehlen. Wenn nicht, dann darf es unser Geheimnis bleiben. Und wenn Du uns Deine Kindheitsgeschichten erzählen möchtest, wenn Du Fotos, Anmerkungen, Vorschläge oder Fragen hast, dann schreib an mail@lastoria-bremen.de. *Mir leasse voo ins hirrn.* Wir lassen von uns hören. *Du hirrschd woas voo ins.* Du hörst was von uns. Und wer jetzt Hirn und Hirsch verstanden hat, bleibt trotzdem nicht sitzen. Ist Mundart nicht was Wunderbares?

Pauls Monika und *Endesche* Sabine